真实之路

——慈济年轮与宗门

释证严 著

复旦大学出版社

导　　读

释德傅

佛教史中，佛陀入灭后数百年之间产生十八至二十个部派；直到大乘佛教因为学说的分歧，而有中观派、瑜伽派的形成。中国佛教产生各种学派，各种教义纷纷确立；虽然佛经是早已存在的典籍，但是不同的思想派别，仍可依其价值关注其相关的义理，而有不同的判释。

不乏学者研究指出，佛教融合了中国社会的特性之后，表现出的是佛教的逐步人间化，证明经典并非僵固的文字，而是活泼的道理。

近代佛教力倡佛法应落实于人生，开启佛教积极入世观念者，首推太虚大师，他针对清末佛教的弊端与佛教徒的地位低落，主张佛教改革，并力倡"人生佛教"，此是一种走入人群积极入世的社会关怀理念；而印顺导师从《增一阿含经》中"诸佛世尊皆出人间，不在天上成佛也"揭示成佛在人间，阐扬"人间佛教"，强调人间才是修行所应注重的场域。

"以出世的精神，做入世的事业"，走入人群是佛教现代化的趋势，如慈济从寺院修行到落实社区，关怀邻里民众的生活，或是进行卫生教育、推动环保等工作，都是与生活契合，也易于让人们接受；对于"道场"的观念，不再拘泥于寺院，而是在社区，甚至可化作"无形"走入人群，将人人视如道场，藉人我互动磨练心性与改变个己习气，以增长慧命。

四十二年前，证严上人创立慈济功德会，从卅位家庭主妇开始，展开日存五毛钱的"竹筒岁月"，在市场上口耳相传，不但开启人人的爱心——只要心存善念，任何人都能行善，即使是贫困者，也可以成为"贫中之富"的人；对于当时社会普遍对佛教存有出世观念，因而逐渐改观。

上人倡"佛法生活化，菩萨人间化"，教导慈济人："菩萨"不是遥不可及的位阶，事实上可从生活中练就，也就是将佛教的"无缘大慈，同体大悲"的精神，在生活中落实；这种养成所积聚的资粮，便是"行经"，也是佛法生活化的呈现。

"修学佛法，不能离开菩萨道"是证严上人讲到《法华经》时，一再提到的话语，强调行菩萨道，就是要"走入人群"，慈济精神来自《无量义经》，此经义理深奥且非常微妙，不论是上根上智、中根中智、下根下智的人，都能在日常生活中，身体力行经中的道理。慈济从鲜为人知的小团体到跨国际，跟随的会众逐年增加，无论在台湾地区或国际的苦难处，都可看到慈济人的身影在其中，肤慰或扶助陷于窘境的悲苦与贫病者，用行动实践人道关怀，同时也感召了许多其他宗教的信徒，参与慈济志工的行列或皈依。

上人带领数百万的慈济人,从"做中学"到"做中觉";慈济的修学法门是什么?为什么四十年后成立了"慈济宗"?乃至慈济宗门所依循的经典为何?

自五六年前,上人常有着一股"来不及"的力量涌现于心,时值国际间爆发战争与瘟疫,深感善与恶的力量在拔河,净化人心的速度过于迟缓,又天灾人祸四起,故需"人间菩萨大招生",以挽狂澜。

不难发现,过去无论是慈济会众或外界问起:"慈济所依循的佛典与修行的法门是什么?"或问:"慈济是什么'宗'?"时,上人都是简要地回应,慈济并不属于佛教史料中的哪一宗,只是依循着佛陀的本怀,走入人群为苦难众生拔苦予乐,"做就对了"。

慈济以大爱铺路,走过四十余年的漫长岁月中,已形塑了不同于长久以来佛教予人浓厚的出世色彩,或是注重诵经、礼佛等仪式,而是从助人到见苦知福，能惜福、再造福；从利他行为的拔苦予乐，也利己（轻安自在）。

上人实践佛教的理念，从修行的观点而言，是发扬了印顺导师所阐扬的人间佛教思想，将导师所叮嘱的"为佛教，为众生"六个字，发挥得淋漓尽致；然而上人的思想体系，并非源自于印顺导师，而是从自身实践佛法与体会累积，从接触《法华经》到通彻其精髓的《无量义经》，并作为开展志业的佛典依归，让慈济人在行经的过程中体会道理，对于所走的菩萨道是一条真实之路，也是经中所说的："菩提大道直故"。

因此"行经"，形成慈济人实践佛法生活化的无声说法形象，依循《无量义经》义理，实质体现了现代佛教图象，"慈济宗"的确立，也可说是因缘和合而生。

本书相较于过去上人的著作，特别的是，针对于"静思法脉,慈济宗门"的理念,以图表制编,裨益读者能全盘清楚了解。全书分"缘起"、"信解"、"行证"三篇,铺陈理念的关连性与意涵。

"慈济宗门"的缘起,可溯自慈济早年逐步走出四大志业(慈善、医疗、教育、人文),只是秉持着做该做与对的事,所以"做就对了",在付出爱心当中,真实地体会佛法。上人从四圣谛(苦、集、灭、道)引领慈济人,见苦知福而再造福;为了让启发的爱心清泉不枯竭,而持续掘井辟福田,广邀天下善士共同耕耘,在此过程中,发心立愿是不可或缺的要素。

"信解"篇阐释了"静思法脉,慈济宗门"所依循的佛典,即秉持《法华经》的精神,深入其精髓《无量义经》,内修"诚正信实",外行"慈悲喜舍",弘扬佛法不只人道关怀,也疼惜大地万物,形成跨越宗教、种族、国界的"大爱"精神,乃至慈济人在行动中,流露出的亲和与真诚,以及人性中至善、至美的人文清流形象。

许多人的善念被启发,进而投入慈济大家庭,为了加强与落实"社区志工",以及"小组关怀、多组活动",上人以"立体琉璃同心圆"将慈济委员与慈诚整合成的新组织,以"圆形球体"形态,从轴心圈而外,依功能与职责分为:合心、和气、互爱、协力队组,期许慈济人能将佛法落实于日常生活,并且相互提携、培养人才,同时广召大众投入,"慈济宗门"的形态可说已具体成形。

当慈济四十一周年庆时,慈济第一个年轮,完成了每一志业十年的四大志业;慈济第二个年轮,旋即紧接着运行,将四大志业继续拓展为国际化。

"行证"篇,则为慈济迈入第二个年轮之后,慈济人分别于四大志业、八大脚印开展的参与过程中,诸如志工们在参与急难援助时,肤慰灾民或关怀贫病失怙者;慈济医疗团队对病苦众生的诊治,视病如亲作守护生命的磐石,进而与人医会去海外义诊;教师们用静思语教学,甚至到偏远山区推广人文教育;环保志工的珍惜资源做回收,人文传播弘扬了这份美善,不但堪作为人文典范,也留下以生命镌刻的经藏。

在这一篇,上人举出二十则真人实事或有跨国界的例证,每一则都是对《无量义经》的如实体现。因此,灵山何需远求?故主张慈济人可以从日常生活中的行住坐卧端正个己心行,乃至人与人之间的互助、互爱,实践佛教拔苦予乐的尊重生命理念,将生命的每分每秒都能充分地发挥良能,处处即是道场。

许多人不曾接触或了解慈济,慈济副总执行长王端正先生曾对慈济的本体与特质,作了贴切的诠释:慈济是民间的团体,在群体领域中认识个体责任;慈济是宗教的团体,在信仰领域中找到心灵归依；慈济是慈善的团体，在助人领域中肯定人生价值；慈济是修行的团体，在精进领域中触动人格升华；慈济是教化的团体，在度化领域中，落实慈悲宏愿；慈济是力行的团体，在实践领域中体现心即是佛。

慈济走过四十二年，慈济宗已立、宗门已开；慈济第一个年轮的完成，紧接续的是第二个年轮的延展；欲净化人心、祥和社会，仍需"人间菩萨大招生"，如上人长年勉众的那句话语：做，就对了！

二○○八年一月于静思精舍

目 录

导读 ·· 释德傅　1

【缘起篇】

第一部　做就对了 ································· 3
第二部　行经之道——从四圣谛出发 ············· 11
第三部　掘井辟福田——将生命转化成慧命 ········ 17

【信解篇】

第一部　慈济宗门精神理念 ······················· 27

　第一章　依循的佛典 ···························· 28
　　第一节　以《法华经》为精神 ················· 28
　　第二节　以《无量义经》为依归 ··············· 33
　第二章　静思法脉发展脉络 ······················ 41
　　第一节　从佛陀肤慰地球图看佛心师志 ········· 41
　　第二节　从"时间、空间、人与人之间"看人间
　　　　　　菩萨道场 ··························· 44

第三节 静思法脉——静寂清澄,志玄虚漠,守之不动,亿百千劫 …………………………… 48

第四节 慈济宗门——无量法门,悉现在前,得大智慧,通达诸法 …………………… 51

第三章 慈济的大爱精神 ………………………… 57
  第一节 不忍众生受苦难 ……………………… 57
    之一 信己无私、信人人有爱 ……………… 60
    之二 众生平等 ……………………………… 63
    之三 无国界、种族、宗教之分 …………… 67
    之四 付出无所求 …………………………… 72
    之五 教富济贫、济贫教富 ………………… 76
    之六 跨越宗教藩篱 ………………………… 80
  第二节 不忍地球受毁伤 ……………………… 84
    之一 生命共同体 …………………………… 87
    之二 爱物惜福 ……………………………… 88
    之三 温室效应与碳足迹 …………………… 91
    之四 爱大地做环保 ………………………… 95
      1. 水土保持 ……………………………… 98
      2. 提倡种树 ……………………………… 99
      3. 环保志工 ……………………………… 102

之五　爱心化清流,净化人心 …………… 105
　第四章　小结:感恩、尊重、爱 …………… 108

第二部　慈济人文 ……………………………… 111
　第一章　人文的定义 ……………………… 112
　第二章　人文与文化的差异 ……………… 117
　第三章　慈济的人文 ……………………… 120
　　第一节　基本理念——内修诚正信实·外行慈悲
　　　　　　喜舍 …………………………… 120
　　第二节　核心精神与实践之一/佛法生活化 …… 123
　　　之一　孝道 …………………………… 125
　　　之二　斋戒/护生 ……………………… 129
　　　之三　心素食仪 ……………………… 132
　　　之四　礼仪人文 ……………………… 135
　　第三节　核心精神与实践之二/菩萨人间化 …… 138
　　　之一　四摄法、戒定慧 ……………… 140
　　　之二　守心、守志、守德、守戒 …… 144
　　　之三　见苦知福、入群拔苦 ………… 147
　　　之四　知福、惜福、再造福 ………… 149
　　　之五　人间菩萨招生 ………………… 151
　　　之六　推动"克己复礼,民德归厚"运动 …… 153

第四章 小结：人品典范，文史流芳 …………… 156

第三部 立宗门弘正道 ………………………… 159

第一章 四法四门四合一 ……………………… 160
　第一节 "四法四门四合一"释义 …………… 160
　第二节 大树喻/立体琉璃同心圆 …………… 163
第二章 慈济年轮 ……………………………… 168
　第一节 第一个慈济年轮 …………………… 168
　第二节 第二个慈济年轮 …………………… 170
第三章 小结：开启世界慈善之门，迈向大爱地球村
　………………………………………………… 174

【行证篇】

第一部 启悲心入慧门——从慈善到国际化 …… 181
　之一 改良心灵土地 ………………………… 182
　之二 阿公的不请之师 ……………………… 186
　之三 成就慧命的学校 ……………………… 191
　之四 阿琴的智慧语 ………………………… 195
　之五 失学幼童的希望 ……………………… 199

第二部 人医行入妙法——从医疗到骨髓捐赠 … 205
　之一 眼明之乐 ……………………………… 206

  之二 仁医的妙方 ………………………… 210
  之三 完成最佳剧本 ………………………… 215
  之四 风雨结髓缘 …………………………… 219
  之五 金条变钢梁 …………………………… 223

第三部 普化育入正道——从教育到社会推广

 教育 ……………………………………………… 229
  之一 智慧的传家宝 ………………………… 230
  之二 高山上的人文课 ……………………… 234
  之三 救度沦落人 …………………………… 238
  之四 漂洋过海的幸福 ……………………… 243
  之五 最后的心愿 …………………………… 248

第四部 镌德香入清流——从人文到环保 ……… 253

  之一 长寿的秘诀 …………………………… 254
  之二 化腐朽为神奇 ………………………… 258
  之三 现代老莱子 …………………………… 262
  之四 做到最后一刻 ………………………… 266
  之五 草根发明家 …………………………… 270

后记 ……………………………………………… 274

附录 证严上人重要记事年表 ……………… 277

【缘起篇】

回溯志业初始，
于克勤、克俭、克难中，开辟福田，
除了作勤耕心田的农夫之外，
仍需广召天下善士，共造慈济世界。

第一部　做就对了

学佛,重要的是"把握当下,恒持刹那",必须下定决心,付诸行动,才能学有所成,所以学佛也是"修行"或"修道"。从字义上来看,"修"是修养,"行"是双脚踩在土地上走,"道"则是自凡至圣的规则;佛陀的教法不只是理论,而且须身体力行。

佛陀讲经启发我们明白道理,指引应走的道路,若执著于"念",而不起身去"做",终究到达不了目的地。我讲经说道,也是在说"路";"路"会走,就知"道";"道"若知,就会贴近"经"。

有人说:"我拜佛也懂佛法,可是我说不出来。"其实是因为尚未体解其中的道理。

我们不必想多么深奥的佛法、大道理,只要以最虔诚的心待人处世,实际付出,脚踏实地做了之后才说,所以我常说"做就对了",这是我在修行时的体会。

愿意走入慈济行列,都是发心立愿做人间菩萨。有人问:"加入慈济是否都会很投入?"这要看因缘;倘若只是听道理,"知道"却知而不行,就难以发挥良能,所以必须透过行动才能有深刻的体悟。

做慈济，即是做慈悲喜舍的事，也就是行菩萨道；行进时不能偏离正道，所以要守好根本的慈济十戒，认真守本分地付出，坚信自己选择的菩萨道，自然就会体会到：我知道了，当初说的原来就是这样。

精舍早年冬令救济，都是我们自己用双手一一打包发放的物资，这是最好的修学机会，在打包的过程中，不仅口里念佛，心里念佛，甚至以行动念佛；因为这些救济物品，蕴含许多人的爱心，也是每一贫户渴望得到的"温暖"，我们都一并包进去，让这些物品有如冬日的暖阳，为贫寒的家庭带来温暖。

包装时大家都非常细心，妥善分类、绑紧绳子，还要考虑是否过重，种种问题我们都会注意。能将那么多人的爱心，妥善地发放给需要的人，尽管付出劳力的过程中很辛苦，心里却充满欢喜，这分欢喜很实在。

慈济第一个十年从慈善工作起步，我和少数慈济委员穿梭大街小巷，甚至跋山涉水去访贫，加上每年两次的全省复查。

其中有则个案令人记忆深刻，有一次来到一栋倾斜破旧的草屋，敲着薄薄的门板，屋里的人要我们自己推门进去，里面一片漆黑，只有一盏五烛光的电灯，一开灯，看到门旁一张竹床，上面躺着一个人，令人吃惊的是有只老鼠正在啃食他的脚。

这位病人全身瘫痪没有痛觉，看得见老鼠啃噬自己的肉，却无力驱赶。不久他太太回来，远远地看她挑着一大担的草，几乎掩没她的身躯，后面跟着四个孩子，有的小学刚放学，也有稚龄的孩子跟着妈妈去做工。他太太告诉我，老大很聪明，老师夸奖他很会读书，只是家境如此，能勉强读完小学就很不错了。

我听了心里难过，告诉他太太，只要有心守住家庭，社会会给予帮助，慈济功德会也会帮助，孩子如果能读，一定要让他继续接受教育。这是慈济功德会成立不久时的个案。

而后我发现愈救贫户愈多,到底原因何在?当时台湾经济正值起飞之际,只要愿意,不愁没有工作,为什么有那么多壮年人需要帮助?

我开始深入研究社会贫穷现象,以六年的时间全省访查,将接受救济的家庭一一过滤,除了孤老无依之外,发现中年受助者,多半是意外伤害或职业病,或者小病不医拖成重病,导致原本的小康家庭,不堪长期病患拖累,尤其大部分都是家中支柱,一旦病倒,生活都成问题,孩子也无法求学,连带引发青少年问题。

当时我走遍各地,经过收集资料再做分析,得到"因病而贫"的结论,所以决定办义诊。

在花莲有义诊所之后,让我深刻了解花莲的医疗欠缺,有些是因为设备不足,医师根本不知道是什么疾病;有的病情严重,必须住院,却碍于资源有限,不一定有办法医治。

此时救济工作又遇瓶颈,由于东部医疗资源不足,我们要抢救生命,必须将病患送到西部治疗;先生北上治病，太太必须跟随照顾，留在家中的孩子无人照顾，该怎么办？于是我们为他们安家，又要设法照顾孩子，问题愈来愈多。

早年我讲《地藏经》时，体会地藏菩萨的大愿，加上亲眼所见人间的种种苦相，让我立愿在东部建医院。

尽管当时自不量力，但是感觉只发愿有什么用？做吧！做就对了。想想：当时倘若没有勇敢地踏出第一步，现在哪有"抢救生命、守护爱"的慈济医院？

花莲建院实无经济价值可言，但是慈济考量的是生命价值，生命平等，"尊重生命"就是我们的使命；我总是告诉自己：不要想太远也不要想太多，只要"把握当下，恒持刹那"，不为营利，只是为了抢救生命。所以佛法不是只用说的，而是用"走"的、"做"的。

佛陀留在人间的教育，让我们启发智慧、培养慈悲。如何启发智慧？纵使说再多的方法与道理，只是愈听愈深，还是"做中学，学中觉"才能体会深刻。

人生时间有限，我常将人生当作时钟，过去的永远无法再回来，所以我不允许等到一件事做完，才做另一件；我的人生哲学是"多管齐下"，将时间拿捏准确，要做，就要立定志愿，坚持方向；要透彻道理，必须好好地用心体会。

看到很多人受苦受难，当我们有机会、有力量付出，就应该感恩，因为这是苦难众生现相的教育，我们听闻佛陀的教法，体会道理，然而若无见证就无法觉悟。

一路走来，慈济人也是"做就对了"；许多八九十岁的老人家投身做慈济，有的人会说："我不认识字，什么都不懂，不过师父这样说，做就对了。"

虽然他们没有受学校教育，不一定懂得什么大道理，却知道要包容、善解，人和为贵；他们投入行善的行谊，其实就是最圆满的人格。

有人问我："您是不是在四十年前，就知道慈济有今天这么成功？"

我回答："不知道，但是我认为应该做，做就对了。"

我并没有天眼通，只知道选择正确的事，在走之前，先订定好一个目标，往对的方向走，认真发挥己能，能做多少就全力以赴。

所以四十年前一路走到四十年后，陆续开展了慈善、医疗、教育、人文志业，虽然不知道未来会如何，但只要有心就会有智慧的力量，所以用心对准目标，做就对了。

第二部　行经之道

——从四圣谛出发

有人说,慈济是佛教团体,是否应该常讲经、带领大众打佛七、举行法会等等。我认为,佛经是佛陀所说的法,是指引我们人生的方向;所谓"经者,道也;道者,路也",慈济的法门,不只是念诵佛陀所说的法,而是真正身体力行去"行经"。

很多人说:"佛经那么深,都听不懂。"试想,若听不懂了,如何做?反观一路力行而来的慈济人,心里都很明了,体会很真实,也许会想:师父,您不用再解说,我们已经知道了;这就是在"行经"。

佛法其实很科学,每次听到学界的教授或医师们的学术讨论,我就觉得无论从生物学、生理学、心理学等领域来看,佛学与科学竟是那么契合,也深深地感受到佛陀真正是宇宙大觉者,透彻万物生命的真理,所以我们学佛要依照次第,慈济也是依序而行,从"四圣谛"出发。

佛陀初转法轮说苦、集、灭、道"四圣谛",希望大家能明白世间不变的真理;由于人人的习气、形态不同,加上不断地受到五光十色环境污染,累积许多不好的习惯与错误的知见,导致彼此互相污染。

人生的"苦"来自于恶习不断地加重,"集"了种种烦恼,造了许多业,众生共业,会惹来天灾人祸、社会家庭不安等灾难。

如何才能消弭灾难?唯有以爱化灾;要"灭"苦必须修行于"道",灭除种种烦恼、人我是非、贪欲;将小我欲念、小爱,开展成大我无私的大爱,如此就可以与"道"即真理会合,也就是"苦集灭道"四谛法。

明白四圣谛之后,要行入人群,利济众生;在此过程中,"慈悲喜舍"四无量心给予我很大的力量,也让我轻安自在,所以我常常鼓励人:付出比接受快乐多了。

许多人因信任我而投入慈济,付出之后,我说:"感恩你!"

他们却说:"不!是我要感恩师父,因为您创造慈济世界,让我有机会去做,救人的感觉真好!"

这是我自己实践佛陀的道理,再将个己的感受与大家分享;所以"救苦救难"并非祈求佛菩萨保佑,也不是请师父加持,而是要体解佛陀的爱与慈悲,再将这分爱与慈悲撒播出去。

放眼全球慈济人所做的志业都非常接近,并非离我遥远就不能做慈济,只要心贴近,没有做不到的事;因为学佛在于自力——自己拔济自己;要学习佛陀的精神,佛陀慈悲显现在人间引导、教育我们,我们将佛陀的教法、精神落实在日常生活中就对了,才是真正的佛弟子。

佛陀说:"心、佛、众生三无差别",一切众生不是过去佛便是未来佛,我们应该要恭敬人人自性佛,能尊重地倾听对方说话,心中所得即是佛法,这就是用佛心倾听清净自性佛的声音,若以这分心"如是我闻",何时不与妙法相应?

世间的苦难需要我们救拔,而实践之时,当下即成菩萨,亲手帮助苦难众生,才会直截了当。因此应赶紧成就"自性三宝"——自己就是佛、菩萨,所见所闻都是妙法。

慈济人做慈济事,得见人生百态;因为投入慈济行列,才接触各种不同的事物,接触与力行付出之后的感受以及累积的心得就是智慧。

譬如慈济人参与国际赈灾到过高原、雪地,走过天灾灾区、战场边缘,真正是"行万里路,胜读万卷书",在人、事、物中体悟出道理,乃是福慧双修。走入人群付出爱心,即"深入经藏",也在当中用心体会人生真理。

经,不是在藏经阁中,而是在内心;我们应该时时从心灵深处遵循佛陀的教诲,落实于日常生活,如此就能"智慧如海"。

有些海外慈济人会说:"我们长住国外,真希望师父能来看看,或是派出家弟子常住海外慈济据点,否则其他道场都有师父讲经,我们都没有。"

其实大家不要轻视自己,人人心中都有自性三宝,只要真能"以佛心为己心、以师志为己志",还怕修得不好吗?修行是"如人饮水,冷暖自知",我不会说:"冒烟是热的。"一如打开冰库也有烟;我会说:"你们去喝喝看,是热的还是冷的?"因为我希望人人在生活中体会佛法,而不只是听闻佛法。

对于海外的慈济人,我认为重要的是将慈济的精神带回侨居地,将大爱种子撒播到各个角落,若能如此,即使有形的距离很遥远,心灵仍然与我很贴近。

佛陀的化土在娑婆世界,慈济的法门,就是要在娑婆世界好好地磨练,净化己心,延续佛陀的精神,将佛陀的理念变成事实;我们是重在行经,以身体力行付出行动,才能真正体会佛法真义。

所以读经,是为了知道"道路"在何处,把握住道路的方向,并非边走边看地图而不看路,万一道路不平,也可能因不慎跌倒受伤而无法前进。我们应该要认清正确的方向,坚定地向前行,如此才能真正地与理相会合。

第三部　掘井辟福田

——将生命转化成慧命

慈济功德会于一九六六年创立后,先从慈善志业起步,经过十年后,全省慈善工作已有稳固的基础。在一九七九年那段时间,我的心脏病经常发作,有人很关心地问:"法师,您在的时候有慈济,您不在的时候,慈济该怎么办?"我对这些话感到震撼。

有个机会就问花莲的慈济委员:"我在的时候,大家这么热心,我往生之后,你们会怎么做?"

她们的回答同样令我震撼,她们说:"师父,您做到什么时候,我们就跟到什么时候。"

当时慈济已经有两千多户的照顾户,大都是孤老无依或孤儿寡妇,如何忍心让他们在我往生后失去依靠?于是我开始思考:如何让我的生命成为永生不灭的慧命。

三四十年前的佛教,给人的印象多来自两方面:一是人死后诵经、做法会,或是年初祈平安、年尾谢平安,一般人总觉得佛教是属于老人的宗教;另一种是法师升座讲经,讲演的内容深奥难解,一般人不一定能吸收与运用在生活中,故而产生距离感。

当时见到此种现象,甚感惋惜——佛法是如此圆融透彻的教育,却让人觉得高不可攀。我发愿要接引大众由善门入佛门,期使佛法能融入一般人日常生活中。

有人认为慈济修福不修慧,这是对慈济了解得不够透彻,而产生的误解。慈济建医院、办学校,固然因应社会所需,其实是为了广开佛教大门,希望人人由善门入佛门,走入智慧法海,将佛法具体化、行动化、生活化。

有一天我和师父印顺导师喝茶,师父说:"你要把身体照顾好,身体不好怎么做慈济?"

我说:"师父,人总是有生有死。我不担心自己的身体,倒是很担心如何让慈济慧命永存。"

师父问我有什么打算?我说:"要找一个方法,只要有人付出爱心,救人工作就能持续不断。"

师父看了我一下,说:"世间有这么好的事吗?"

我说："应该有吧！"接着我又说："师父，假如盖医院呢？"

他有些惊讶地问："你想盖医院？"

我说："我是这么想，因为医院本就是救人，假如把医院盖起来，我不在时，医院仍然会继续救人。"

当时有位陈教授很护持我，一听我说要盖医院，很欢喜地表示支持；不料，隔几天他告诉我："起初听您说要盖医院，很高兴，回去后再三思量，发现我错了。"

我问："为什么？"

他说："盖医院的负担沉重，您的身体没办法承担，会缩短生命。现在有很多人需要您，您要把身体照顾好。"

我说："我愿意将三十年的寿命换成五年的时间，将医院盖成并推动它上轨道。"

佛陀在人世的寿命八十岁，当年我决定盖医院时将近五十岁，但是人生无常，我能不能如佛陀一样活到八十岁,谁也不知道,即使能活到八十岁,也是剩余三十多年;有这么多慈济人支持我,这是一个因缘,所以我宁愿将三十年的寿命缩短为五年,也要利用这五年的时间盖好医院。

当时我作了一个譬喻:有位工程师设计建造一个水库,需要有师傅、工人,也需要水泥、钢筋、砖石等建材。尽管工程师将水库设计得很大、很完善,水库建造完成之后,仍然必须仰赖上游的水源,一点一滴不断地累积,水库才能积满;水库下游等待灌溉的田地那么多,需要提供大量的水,上游若没有水源持续地累积,水库终有干涸的一天,下游的田地就无法耕种。

假设我是那位工程师,慈济委员如同叠砖、造水库的人,会员们就像是点滴的源头细水,不断地灌注下来。

有朝一日,我不在了,源头的水倘若断绝,大家点滴累积的力量渐失,苦难病痛的芸芸众生,谁来照顾?

不如把建造水库的力量，集中往下掘井，为人们努力挖出泉水，有了活水源头，病痛苦难的众生就能长期得救。

正在为花莲慈院努力对外募款之际，有位日本人要捐献巨款盖医院，我考虑之后并没有收下那笔捐款，因为我的目的是要让台湾人人都能自我辟福田、耕福田，自己来收获，同时人人平等，没有贫富分别，点滴汇入功德海；只要愿意，都有机会参与建院工程。

慈济医院建设起来，我仍然继续开辟福田，挖掘活水源头；源头在哪里？就在人心。其实人人心中都有爱，但是有许多人将爱埋藏起来。爱心最完美的表达，就是付出，以智慧付出爱心，无形的爱就能化成有形的真善美。

慈济是社会大众点滴爱心所成就，不论善款金额大小，我都铭感于心。"福田一方邀天下善士"是修福；"心莲万蕊造慈济世界"是修慧；在人世间一亩亩福田,要由慈济人去开辟,唯有亲身耕耘,才会有真正的收获。我们的智慧在人群中,不受外来的形态、声音而动摇;虽然世间污浊,但是还有这么多心地的农夫勤耘福田,世间就会有希望。

【信解篇】

慈济四十年圆满一年轮,

时刻秉持慈悲喜舍、佛心师志;

续推慈济第二年轮,

立宗门、传法脉,

深入慈济大藏经体解真理、坚定信念,

恒持精进于菩萨道上。

第一部　慈济宗门精神理念

第一章　依循的佛典

第一节　以《法华经》为精神

　　佛陀成道后游化恒河两岸说法，因无对机者与适宜因缘，因此"开权隐实"——将大法隐藏内心，以四十二年的时间说方便法，应众生八万四千烦恼而开法门对治，为众生谈"空"说"有"。

　　《般若经》谈"空"，分析一切最终皆为空，人不要执著；《阿含经》则说"有"，谈的是人间事。然而人间事多计较，若完全谈"空"，因众生根机参差，理解也会有所差异。

　　佛陀说法第四十三年，人、时、地众机成熟、诸缘具足，方畅本怀，开演《法华经》，阐述真实法——唯有一乘道、菩萨道。这是佛法的精髓,佛陀本愿,也是佛法最大的妙法——行"中道"。

一乘道,是让我们知道众生平等,人人本具智慧佛性。《法华经》中有位常不轻菩萨,尽管有人嘲笑他、欺负他,他见人就顶礼,他说:"因为人人都是我的善知识、增上缘,都是在教育我,每个人未来都会成佛。"这种不敢轻视任何人,就是我们修行的方法,无论周围的人如何对待,都要心存感恩,尊重他人;能抱持纯真无染、清净的大爱,就叫做"一真实相"。

修行从修心做起,《法华经》中以三界火宅譬喻娑婆众生所处之境,但心能自造火宅,也能自造灵山,古云:"佛在灵山莫远求,灵山只在汝心头,人人有个灵山塔,好向灵山塔下修。"心念一转,当下即佛。

佛教徒要行菩萨道,菩萨道最重要的是"慈、悲、喜、舍"四字,佛陀开八万四千法门都不离"慈悲喜舍";慈济也开方便法门,从慈善开始迄今,发展出四大志业、八大脚印,皆因应现代社会所需,面对苦难的众生,我们从做中体悟佛法的道理,进而跨越国际;只要脚走得到、手伸得到的地方,我们都去帮助,四十年如一日。

在慈济志工分享心得时,总会听到人间有许多天灾人祸,社会动荡不安,诸如家庭、心理、亲子、夫妻等种种问题,我们若不藉由这些有形的苦难,如何有能力舍去无形的烦恼,并且印证佛陀所说的真理。

慈济人以平等心服务大众,走进社会接引很多人,这分无所求的付出,在付出的同时,还要说"感恩",并且主动作陪伴,这就是从人间度人间,人与人之间互相净化。

《法华经》提到:佛陀一大事因缘出现人世间,是为开显人生真实相,让众生"开、示、悟、入"得以进入佛的知见。所谓"开",众生心如一间富丽堂皇的房子,却因门户紧闭而黑暗不显,佛陀要先开启我们的心门,让光线透入,看清一切。

"示"即是佛陀将所见所悟的真理,详尽地一一解释。譬如介绍一本书,详细说明包含多少篇章,分为多少段落,所阐释的道理为何。

我们因佛陀清楚的解说而懂得道理,这叫做"悟"。但仅是知道仍不够,无法真正地体会,所以还教我们如何做,必须身体力行,才能真实"入"理。

"开、示、悟、入"四字包含许多微细的道理,然而我归类为二:一是启发良知,运用智慧;一是走入人群行菩萨道,换言之即事与理二合一,目的是让人人在世间活得更有意义。

佛陀于娑婆世界度众生,现在我们将慈济四大志业,视如个人的一大因缘,来人间的目的。"难得人身,难闻佛法",不要空过人生,没有意义地白白走这一遭人间;大家都希望来人间能够留下足迹,写下让子孙怀念的人生历史。

佛陀说法四十二年后才"正直舍方便",我们则是一开始就事理并重,方便法与真实法双轨平行:事相是方便法，慈济精神、形象即衍生自法华精神，行菩萨道，循真实法。

佛佛道同，凡是过去、现在或是未来佛，说《法华经》即表示将要圆满结束之时。佛陀在法华会上，将真实法说得非常清楚，最后佛陀知道必须传承，询问在场有没有人愿意将一乘道——菩萨道，继续传承下去？在场弟子都默然，唯有他方世界的菩萨涌现，愿意承担。

佛陀心想：娑婆世界的弟子没有人肯承担，娑婆世界将来如何传法？尽管他方世界的菩萨如此踊跃承担，毕竟还是在他方世界。佛陀环视在场的弟子，后来舍利弗起身向佛陀说："不是我们不肯承担，而是不敢承担，因为娑婆世界的众生刚强，难调难伏。"

每次我若是想到《法华经》这段文，就觉得我们应提起勇气，传承佛陀的法华精神；看到慈济团体大家真正的合心、和气、互爱、协力，我们身为佛弟子，尤其是因缘殊胜；有缘在这个时代有志一同，也许早在法华灵山会上已结了缘，因为《法华经》云：未来的弟子也是在灵山会上所结下的缘。

慈济有这么多同道同志愿的师兄、师姊，这个缘很不可思议，我们对佛法要有正信，慈济依正信的佛法，希望大家心中时时要抱着"正"，正就和合，也就是无私的爱，凝聚无私的大爱，力量就会旺盛。

第二节　以《无量义经》为依归

《法华经》是我很有心得的一部经，虽然道理深奥、经文很长，但是很契合人间菩萨走入众生成就佛道的理念，让我深刻地感受到佛陀的慈悲。

《无量义经》是"法华三部"的开经，不仅是《法华经》的精髓，而且引领佛教徒如何走入人群行菩萨道。每读此经，我都有说不出的法喜，因为"经者，道也；道者,路也",慈济人的道场就在《无量义经》中。

我们看到《无量义经》法会上,有诸多大菩萨、菩萨与会;如何能称为"菩萨"?经中明示"是诸菩萨,莫不皆是法身大士,戒、定、慧、解脱、解脱知见之所成就"。

学佛要学得内心清净,人人都有清净的本性,思想行为纯洁、无染,就叫做"法身";"大士"的意思是菩萨,菩萨有四无量心——慈无量、悲无量、喜无量、舍无量,也就是大慈悲心。若有大慈悲心,自然能回归纯洁清净,而成"法身大士"。

菩萨首重守戒,人间菩萨也是以守戒为要,戒能守,心就能定,不易被世间的欲、利、名诱引,心如明镜,世事条理清楚,如此便可成就"戒、定、慧"三学。倘若戒、定、慧具足,自然就解脱,身心自在,不受外境影响,而能"解脱知见之所成就"。

平日生活中,内心能寂静,自然"常在三昧";"三昧"就是正念,心不受外境杂染而扰乱,不再有什么追求,而能"恬安淡泊,无为无欲"。

生活简单,恒能宁静心安;当我们与人无争、与事无争、与世无争,就不会被世间外欲引诱,因为少欲知足,"颠倒乱想"就"不复得入";若能落实在日常生活中,就是最美、最真、最妙的修行境界。

佛陀来人间,经过六年的苦行,在成佛觉悟的最后关头,内心完全静寂清澄,烦恼舍尽,境界开阔;夜睹明星的刹那,体会宇宙万物间的真理,瞬间的觉悟就"守之不动,亿百千劫"。

这种"静寂清澄,志玄虚漠,守之不动,亿百千劫"是我最向往的境界,每天早晨静坐时,感觉到心静并非停止,无论耳闻鸟叫虫鸣,或是感到土地呼吸,都会心生喜悦,仿佛与宇宙融合一起,意志仍很清楚,知道今日该做什么,自发愿以来,方向有无偏差,藉此确立人生方向,并且日日省察内心世界:假如还有是非纷争,赶快反省;若没有,内心笃定,就能达到身心顺理、安和宁静的境界。

大家若能体会寂静的境界，就应立志，而且志要大，"志玄虚漠"的"玄"字意思是很宽大；我们要发大愿，建立真正宏大的志，还要守好我们的志愿；有人会觉得发大心、立大愿已经不容易，还要"守之不动，亿百千劫"，岂不困难重重？

其实"把握当下，恒持刹那"，能把握每一个当下，累积即成永恒。就如从第一位慈济人跟着我开始走到现在，没有半途而废，大家一心一志，用恒常的心、长久的岁月守住这念志，才能将大爱一寸一寸地铺路走过来。

我们日日用爱行入人群，也在人群中学习，经一事，得一智，了解一个人，增加一分智识，就得一分智慧；能从每个人身上得到许多智慧，就是"无量法门，悉现在前"。

世间的一切都是从无到有，天地万物无量无数的道理，追根究柢也是不离世间法，世间法都归于佛法。《无量义经》云："'无量义'者，从一法生。"一法生万法,万法归一法;一法,就是心法。我常说"多用心",是要告诉大家,世间多苦,必须照顾好自己的心,否则经常陷入人我、生死之间挣扎,是多么苦不堪言。

《无量义经》分三品:《德行品》显扬诸佛菩萨的德行,可见佛陀的德行仰之弥高,藉以开启众生的信心;在经中明白地说明,人人都有佛性,能发挥良能,就能拯救众生;也可以看到佛法与我们日常生活的契合。如慈济人遍布全球,哪里有灾难,"蓝天白云"就及时涌现,那分肤慰、拥抱、照顾,都是予乐拔苦的真诚付出。

《说法品》是佛陀为开启众生智慧的说法精要。其中或有些文意艰深,但是那分真空妙有,倘若好好地研究,就能知道佛陀所说的,即是宇宙的大道理;诸如一颗种子生长的过程,正是真空妙有的引证。

世间都是因缘和合而生,所以皆为假象;如现今全球暖化现象严重,造成灾难频仍,每次接到灾难讯息,都来自四大不调,究其原由也是人为造作与破坏所导致。

宇宙万物，许多微妙的因缘和合而相生相克，产生环境的成、住、坏、空；人心理的生、住、异、灭；生理的生、老、病、死。种种说法都是最科学的智慧。

《十功德品》主要是鼓励大家身体力行。虽然我们仍是凡夫，但是不要妄自菲薄，犹如"船师，大船师"即使自己有病，靠着一艘船，仍然可以掌舵，将自己以及苦难众生，从此岸度到彼岸；尽管单凭个己的力量，无法做到为众人拔苦予乐，然而结合大家的力量，就能发挥实质的功能。

《无量义经》的精神，来自于佛陀的智慧光明处——清净本性。如经云："是经本从诸佛宫宅中来，去至一切众生发菩提心，住诸菩萨所行之处。"

佛陀来人间一大事因缘，无非是要教导众生，启发清净的智慧，发挥救度众生的良能，所以说"去至一切众生发菩提心"。倘若能了解《无量义经》的意义，在日常生活中发挥爱心时，此经就已与我们同行，也就是"住诸菩萨所行之处"。

有人说："我心好就好,何需再做什么?"若有人发生困难,难道只有心好就可以,不用伸手救援吗?我曾说："人格成,佛格就成。"做人成功,才是成佛的起点。

《无量义经》中包含"六度万行"、"四无量心",佛陀用宽大的法,说到人间的法,总归于说明菩萨要人间化,佛法要生活化。佛法并不复杂,倘若每件事都很复杂,花费太多心思,徒然浪费时间;能尽量简化,多做善事、多用妙法,最后一定能"令众疾成阿耨多罗三藐三菩提",自然体会得到佛陀正等正觉的境界。

慈济宗门行的是《无量义经》的法门,在《无量义经》中可以印证我们四十多年所走的路。我是直接带大家走入经典,如静思堂的"法华坡道",两旁陈列着全球慈济人的菩萨身影,上面有《法华经》、《无量义经》经文;这些用爱付出的人生,就是行经最好的注解。

过去佛教没有"慈济宗",我们都是开宗第一代,以台湾花莲为发祥地,普遍到国际间;法的精髓都在《无量义经》,这是我终身奉行的经典,也是慈济精神的依归。

第二章　静思法脉发展脉络

第一节　从佛陀肤慰地球图
　　　　看佛心师志

佛陀是宇宙间大智慧的觉者，从建设静思堂开始，我就希望我们能有现代的佛像，虽说佛教强调"有相无相无不相"，我们不著相，只是希望有精神的象征。

佛陀来人间的一大事因缘，就是要度化众生。时代不同，空间不同，我们要一法应万变，好好地吸收佛陀的教育。

在"佛陀肤慰地球图"中，佛陀站在宇宙虚空慈视地球，一手伸出肤慰地球，代表佛陀对娑婆世界众生的慈爱，他要用这分爱的清流净化地球，让所有的生物、动物、人类都得到肤慰。

我们因应现今地球遭受破坏,人心惶惶,天灾人祸苦难偏多,而需要有觉悟者肤慰地球。

这个宇宙大觉者的形象,就是慈济的佛像,也蕴含着慈济的精神。所以我们的"佛、法、僧"都有慈济的形态;佛法生活化,人间菩萨在人与人之间互动,都是我们现代的佛法。

慈济人共同的理念——净化地球、度化人间,我们不忍众生受苦难,所以走入人群,闻声救苦;不忍地球受毁伤,忧心地球资源无限制地开发,因此身体力行做环保,回收资源,分类再制,不只是防止地球资源亏空,还能净化地球,减少空气污染。这分不忍心,不正与佛陀疼惜众生、大地的慈悲心相映吗?

我常说"佛心师志","佛心"是大慈悲心,也是大爱无染的清净心,每个人以佛心为己心,内心深处常有佛陀的慈悲,自然不忍众生苦而拔苦予乐;同时能"以佛心看人,人人是佛",自然日日心中有爱,对人人起尊重心；进而能将佛陀的心念运用在日常生活中，就能"体解大道"。

我们要体会佛陀开阔的心胸、"心包太虚"，并且发心学习佛陀的胸怀。所以要善解、包容，是佛心；心量宽大，是我们的道路。

"师志"是行菩萨道。我们从凡夫起步学佛，到达佛的境界，中间这段路就叫做菩萨道。

世间多苦难，慈济人行菩萨道，大家以师志为己志，发心拔苦予乐，内修诚正信实，外行慈悲喜舍，一心无二志，以启发人人的大爱，拥抱苦难苍生为终身方向，坚持到底，人生绝对不会白过。

因缘不可思议，我的师父也是我的慧命导师，他曾说还要再来人间。犹记在他人生的最后一刻，当医师宣布心跳归零，随侍在侧的我们，包括医师、护士都一同跪在床边，轻轻地念诵"本师释迦牟尼佛"——这是导师所要的佛号，他要乘愿再来。

导师圆寂的第二日，要让人瞻仰追思，为导师更衣时，我想将导师的双手交叠于胸前，可是一手不断地自然滑下。

那幅一手置于胸前、一手垂下的姿势，令我很震撼，立刻在脑海中浮现"佛陀肤慰地球图"。我又将导师的手扶起，说："师父，我们的手就是要再来度化、肤慰众生。"

佛法不离世间法，期待全球的慈济人将慈济精神落实在自己身上及当地环境，能懂得我的话，理解我的法，将方法用在日常生活与行动中，不要局限于时间、空间，只要人与人之间天天想慈济事、说慈济话、做慈济事，就表示心灵上能贴心，再遥远的时空或距离都会缩短，一起行于人间菩萨道。

第二节 从"时间、空间、人与人之间"看人间菩萨道场

我们把握时间，珍惜人与人之间，很自然地就会

扩大空间。慈济从三十位家庭主妇做起,迄今四十余年的时间,都是在分秒中累积,人与人之间从近而远,不断地带动、启发,从一个人再影响另一个人,而今扩及国际,遍布各行各业。

在踏出每一步伐的同时,我都不断地思考:如何为佛教?在何种时间、空间展现佛教精神?我们将慈善普遍到国际,希望遍及各地,让人人对佛教有正确的观念——不只是在寺院中拜佛,自修求功德,而是要学习佛陀的精神与教育,懂得运用在日常生活中。

人世间最重要的就是"时间、空间、人与人之间"。"世"是时间,佛教常说"三世",即"过去、现在、未来",以现在的观念而言就是"昨天、今天、明天"。时间的长河无始无终,过去还有过去,人的生命与时间会合又带到现在的世间,然而今天还有明天,分分秒秒从不停歇。

每个人的生命长短未知,无论如何长寿都是有限；人人每天同样有廿四小时，可以做多少事？一秒钟虽然很短暂，但是倘若有六十个人在同一秒钟，就累积一分钟，六十个人在同一分钟做一件事情，那不就是一小时。

同理，一个人的空间有多大？能做多少事？实是微不足道；六十个人的空间就会扩大一点。一个人的力量有多大？有时要拉一个人都拉不起来，假如六十个人合力拉一个人，就没有什么困难了。

世间的"间"是空间，所谓"心包太虚"，就是要开阔爱的空间。时间可以累积一切，愈多人合心协力共同成就一事，时间就能累积更多，空间又能拓展更大，这是我们对时间、空间的积极观。

我的师父印顺导师说："佛法不离此时、此地、此人。"佛法不离此时，就是当下这个时刻；此地，即现今这个世界、环境；此人，就是他、你、我，现在的大家。

导师又说："净心第一，利他为上。"净心就是人人本具的真如本性,心海本无波,本性圆融平静,只是有了因缘造成波动,一动不可收拾。

所以时间、空间、人与人之间,无不都是佛法,无不都是普遍真如本性。我们立志做人间菩萨,就要以真如本性、善用时间在空间付出,在人与人之间感到安心、欢喜、自在,这叫做法喜;因此我们要选择正确的方向,把握分秒累积善与福、长情与大爱。

什么样的生命,才是有价值的生命?空间、时间利用得愈充分,就是愈高层的生命观。分秒不断地流逝,我们若把握用功的时刻就会点滴累积;将时间用在正确的方向步步精进,走入人群持续累积"善",为善就得福。

人世间是我们的道场,面对苦难苍生,不同的因与缘,构成各种各样的苦,我们拔苦予乐,乃是造福修慧的人间菩萨道场,还要发心发愿,生生世世入娑婆做人间菩萨。

第三节 静思法脉——静寂清澄,志玄虚漠,守之不动,亿百千劫

静思法脉、慈济宗门,虽然在慈济过了四十年之后才提出,但并非如今才开始,应该回溯四十多年前,我受戒返花莲之后,在小木屋静修《法华经》,这六个月可说是我这生中最宁静的一段生活,后因种种因缘,离开小木屋后,让我有机会看众生相,也有因缘启发我,而投入滚滚红尘中。

小木屋的日子非常克难,前后短短半年,对《法华经》还来不及再深入探讨,就不得不离开,我却从此在人事中用心。正如《无量义经》中度人的方法是以譬喻说明,像船师,渡海的舵手也会生病——他虽然身体不适,却还是能掌舵,让船平安到达彼岸,坐在同一条船上的人也能到彼岸。

譬喻中的船，就是"佛法"，给我很大的勇气与信心；虽然个己所知有限，不过一理通、万理彻，简单的方法也能修行，并非关起门自修。因为生命在呼吸间，生命在哪一秒钟会停下来，谁也无法预料，所以决定赶紧投入人群去做——依循《法华经》的精神，按照《无量义经》为方法去实践。

《无量义经》云："静寂清澄，志玄虚漠，守之不动，亿百千劫"，这是静思法脉，不仅要用心背诵，更要落实在日常生活中。从自我内修做起，心时常保持"静寂清澄"——无杂念、清净的大爱、无染的本性，不要因外境纷扰、贪、瞋、痴等无明而染污。学佛、修行所追求的最大目标，就是要回归清净没有污染的本性。

佛陀告诉我们"心、佛、众生三无差别"，意思是指以我们的心为中心，人人都有与如来平等、清净、纯真的本性。修行也要修心，凡夫心是污染的心，佛心是清净的心，佛心和凡夫心实是一体两面，只是有污染和清净的分别。

平常若遇不欢喜的事,或是有人做了不合己意的事,想发脾气,应赶紧以"静寂清澄"这句话自净心念;当外境再次诱引我们时,就不会被外境所"染著"。

此外也要立志,"志玄虚漠"就是立大愿、发大心。"静寂清澄,志玄虚漠"犹如一帖良药,须牢记在心,才能时时运用。

"守之不动,亿百千劫"。对的事情,做就对了;佛法并非听过就好,而是必须恒持。佛陀是宇宙的大觉者,所说的教法与我们的生活相契;慈济这条菩萨道,是依照佛陀的教育,将佛法运用在生活中,时时都能净化我们的心。

传承静思法脉,必须先"静寂清澄,志玄虚漠,守之不动,亿百千劫";倘若心不清净或意志不坚定,如何传承慈济的法脉?我们还不能放弃尚未见面和说过话的人,要不断地让这些人有机会进入菩萨道;这分缘含有过去、现在、未来;不仅是今生此世,还要守住未来的缘,因此要"守之不动"。

要守好慈济志业的精神,必须信心不动摇,时间保持长久,志要守在"亿百千劫",如《法华经》中记载,菩萨能将刹那的时间拉长为一劫,也可以将一劫的时间缩短为一日。

何以能如此?做到"把握当下,恒持刹那",能永久地把握当下,就是恒常之时。慈济人恒持一刹那,延长为恒久;只要我们的心念能守之不动,好好地做,刹那的时间可以延长于亿百千劫,也可以将千劫缩短为刹那。

慈济的法门究竟为何?我们的宗旨是走入人群,见苦知福、惜福再造福,拯救苦难的同时,也成就自己的慧命,这就是我们的法脉。

第四节 慈济宗门——无量法门,悉现在前,得大智慧,通达诸法

"无量法门,悉现在前,得大智慧,通达诸法"是慈

济宗门。慈济人的修行方法是走入人群,亲自到苦难处付出、深入人群的心灵世界,透过他人不同的烦恼、苦难,映照出自己的幸福,或者学习他人的优点,吸收许多人生智慧,以修六度万行,这是真实的福慧双修。

古大德云:"修行有动有静。"静处养气,闹处练神;在热闹处锻炼不被外境分心,精神专一,智慧就能在人群事物中磨练出来。

慈济人投入菩萨道,天天面对着许多人,不但忙碌而且辛苦;就世俗的眼光而言是复杂,但以脱俗的角度视之,众生相多,众生法也多,人人都是我们的老师。孔子说:"三人行必有我师焉,择其善者而从之,其不善者而改之。"

芸芸众生习气皆不同,不同的人生苦难,都值得我们作为借镜——每个人都有人生大藏经,就在我们的面前,值得我们阅读这一篇篇生命的文章、人生的经验。

大家互相分享自己的生命历程,以及人人生命中感人的事迹,让世间的大藏经互相交流、增广阅历,如同广览群经,这是"无量法门,悉现在前",也是人间法。

俗云:"不经一事,不长一智",我们不要怕做事,多做多得,多了解一个人、多投入一件事,就增加一分智识,这都是自我启发本具的智慧;在红尘俗事中锻炼出精神专一,能包容一切、明辨是非,即"心中有佛、行中有法、法中有禅",无论外境浪涛多么澎湃汹涌,都能定静如初、开佛知见,海仍是海,没有什么惊涛骇浪;也是深入经藏,智慧如海,而能通达无碍,如经云:"得大智慧,通达诸法。"

慈济四十周年庆开始落实社区静态展,希望每个社区都是我们活动的道场,让社区邻里透过一张张照片,了解慈济人、慈济事。

此外,邀请慈济人现身说法,或者曾经接受帮助的人,从照片中走出来与众分享:如何得遇生命中的贵人,让原来黑白褪色的人生,转变亮丽的过程,如今自我生活改善，也能回馈帮助他人，这是最好的说法与历史见证。

人人都有故事，这些真实人生的故事，都很精彩动人、充满真善美；现身说法的力量很大，能影响很多人。我们做慈济的过程中，所听闻、接触的人事很多，其中发生多少感人的事，可以分享如何善解、包容，以及见苦知福的经验。

所以修行的道场不一定在寺院，只要静心，草木尽法门，老少皆为师。我们充分了解慈济人走过、做过的事，互相交换故事，如此故事累积愈多，道理也就愈多。慈济人扮演多功能的角色，为社会、为众生付出的同时，也要留下真善美纪录，发挥千手千眼的力量。

经云："已度当度未度、已成就当成就未成就"。"已度"是指已成就菩萨，菩萨叫做觉有情，表示已经得到智慧；我们也有一群"已度、已成就"的人间菩萨，就是已受证的资深委员、慈诚队员。"当度、当成就"

是身着灰色制服的社区志工，表示已经投入慈济。

菩萨虽然已成就，但是因尚未到达佛陀圆满的觉悟境界，仍然需要"上求下化"，会提出疑问请教佛陀，何况我们还在凡夫地，只是初觉悟或新发意的人间菩萨，当然还要再精进、向上追求佛法。

在上求佛法的同时，不要忘了"下化众生"的使命，"已度、已成就"的资深委员、慈诚队员，不仅平日付出，自我体会收获多，知道天下事也很快，因为投入慈济志业，可以开阔眼界，就如我们的慈善已经国际化，全球慈济人会将各地讯息很快地相互交流。

因此资深慈济人要多关心"当度、当成就"者——如环保志工、大爱妈妈等，或是参加见习、培训，一步步走进慈济世界的人，不要令他人半途而废，时常主动关怀；度一个人即结一分好缘，多结好因、好缘，才能结好果、有好感受。

尤其"未度、未成就"者还有很多，我们还常遇见从未听闻慈济的人，因此"当度、当成就"者要再广为撒播爱的种子，接引"未度、未成就"者，需要大家做人间福田的农夫、"不请之师"，主动做他人的依怙，让人人都能心开意解，了解人生的道理；如此环环相扣，社会就能祥和平安。

所以我们要在人群中多撒播爱，发挥大爱精神，这是慈济宗门的特质，也是慈济人重要的使命。

第三章　慈济的大爱精神

第一节　不忍众生受苦难

佛陀觉悟万物真谛,是宇宙大觉者,因为不忍众生苦,倒驾慈航入人间救度众生,主要是救心;我们身为佛弟子,要法脉相传,净化自心,进而启发出人人的爱心,共同发挥觉悟的爱,若能如此,生活困苦或是遭逢灾祸的苦难人,就能及时得到帮助,这需要每一个人的力量。

无论何种宗教,都说"爱",有仁爱、博爱,我们是大爱。人人心中有爱,这分爱不是痴傻的爱,是觉有情的爱。曾有人问我:"倘若大爱是无保留地为他人付出,那么如何平衡自我的小爱?"

我告诉他："小爱无法含纳大爱，大爱却可以包容小爱。有大爱的心，不但不会忽视小爱，而且还能自爱；人人自爱，才能发挥大爱。"

什么是自爱？就是照顾好自己的身心，生活要有规律；假使生活失序，容易造成行为脱轨，影响社会安定。希望社会祥和，必须以人人自爱为基础；个体照顾好，整体就会美，在日常生活中，能爱惜自己的身心健康，就有能力付出大爱，为苦难众生尽心力。

佛陀教育弟子，不只是自爱、独善其身，重要的是兼善天下，培养爱心，普爱大地万物生命。佛教宣扬慈悲，不仅爱人类，还希望众生都能得到解脱、轻安自在，这是佛教的大爱。

什么是"大爱"？简言之就是"无缘大慈、同体大悲"。"无缘大慈"是给人快乐，人人的快乐正是自己的快乐；"同体大悲"即他人受苦难，如同自己受苦难。生活在人间，大家都是生命共同体，没有人能单独生存，既是群居生活，就要彼此和气互爱才能幸福。

这分大爱也是慈济人所说的"尊重生命",发挥本具的爱心,普爱一切生命,进而爱惜物命。我们就是投入疼惜生命的工作,疼惜众生、万物与大地。

慈济人"不忍众生受苦难",陪伴肤慰众生,都是出自真诚的爱;进一步做到"不忍大地受毁伤",以爱人的心肤慰大地,致力以爱洒净人间,不仅是慈济大爱的精神,也是慈济人心灵的写照。

我们力行人间菩萨道,走入人群付出,无论哪里发生灾难、遭遇困难,都要伸出双手拥抱苦难人。慈济不仅从事物资救济,让苦难众生得到温饱与安定的生活,还要再将佛陀的教育注入人心,让人获致真正的身心安稳,才是真正的救度众生、弘扬佛法。

我们的使命是肤慰与陪伴苦难众生,大家要常常自我省思,是否能体会那分"同体大悲"的精神?人间有形无形的苦难很多,诸如天灾、人祸、贫穷、心灵空虚、烦恼难解等,如何为众生解除苦难?此外也要自问:哪里需要救灾时,我们是否生起一分随喜、愿意帮忙的心？面对受苦的人，是否尽力肤慰、陪伴？

有的人发心立愿，信心却不够坚定，面对外界质疑或是不能理解我们的理念与做法，就无法坚持到底；所谓"信为道源功德母"，支持着我做到现在，尽管困难重重，仍能坚定不移走在菩萨道上，就是来自"信己无私，信人人有爱"的重要力量。

之一　信己无私、信人人有爱

当初我成立慈济时，许多人都说："他的头脑很好，不建道场也不受供养，就用救济的名义收钱。"虽然善门难开，受到他人质疑，但是我告诉自己，既然已发心立志，好愿、好心不能停。

首先要"信己无私"，建立自我信心，对人对事绝对没有私心，诚恳地付出，不敢欺骗自己，也不能欺骗他人，这是"诚"；还要相信人人有爱，爱心的力量很大也最勇敢。

每个人都有和佛同等的爱心，只要有人带领启发,遵循正确的方向,大家一定会肯定,爱心一定会集中。所谓"有爱,就有福",集合点滴的力量,就能"粒米成箩、滴水成河",不要忽视点滴的力量,这也是我推动慈善工作的泉源。

我相信人人有爱,人人相信我无私无欺,两者合一如同人的双手,双手健全就有力量;做事的人无私心,付出的人有爱心,何愁事情做不成?

回首来时路,慈善工作无论如何克难、艰辛,都是用心走过来;虽然慈济并不有钱,但是有心——发放的物资要选择最好,务必给予受助者真正的帮助,还要让他们感受到我们那分尊重与爱。

犹记成立骨髓资料库时,许多学者、医学界人士都对我说:"法师,成立骨髓资料库要花上亿元,即使成立了,也很难配对,甚至配对到,也不一定有人愿意捐出骨髓,困难重重,还是不要做了。"

我想只要能为人群付出,再大的困难也要努力突破,所以应该好好地投入,相信台湾爱心人很多,只要骨髓资料库建立起来，到时候一定能发挥救人的功能，所以我排除万难，坚持成立"骨髓资料库"。

又如九二一大地震之后，眼见灾区孩童因学校倒塌而失学，很不忍心；尤其在学习的黄金岁月中，一刻也不容留白，因此慈济在很短的时间内，认养学校与重建，有建筑师主动承担，用心一次次地修改设计图，很有耐心地接受我的建议。这一切，无非期待能将学校做到最安全、最好——如大地涌出的千年艺术品。

当时慈济认养五十余所学校，很多人都说："师父胆子好大。"慈济向来就不是有钱才做事，我一向的处事原则是，该做的赶快做，财源若不够，就尽快想办法，必须及时付出因应他人所需。

一路坎坷地走来，无不是凭借着"信己无私，信人人有爱"的力量，点滴累积而成。这两句话说来简单，却需用很长的时间培养这分"信心"。我们都是凡夫，难免也有贪瞋痴的心念，因此必须自我训练到凡事无私，平等地看待一切万物，就不会起非分的贪念。

此生让我最安心的,就是个己的一念心——没有私心即正,有正念就不会欺骗自己,也不会欺骗他人。相信人人本具善念与爱,能从内心对人有尊重心。

现在慈济人已遍全球,队伍浩荡长,感恩有这群亮丽且坚定志愿的人,将爱心落实在生活中;无论国内外的急难救助或长期关怀受助户,都能尽己之力爱人与助人,印证人人都有爱心,只要有人启发,就能发挥爱的力量。

之二　众生平等

世间灾祸频传,人与人之间的残杀,造成民不聊生,着实令人忧心。佛陀教育我们要怨亲平等,对于一切众生能起慈悲心,无彼我相,不分别贫富贵贱。

我们以佛陀的精神为榜样,视一切众生平等,奉献大爱给普天下的众生。其实众生皆有情,有一天,我在精舍走道上,突然看到一只好大的狗,我问身旁的常住师父:"怎么有这么大的狗?"

"它叫做'大宝'。"我停下来，很认真地看它，它体形很大，尾巴却短短卷卷的像个小球，它向我摇一摇尾巴。

我不经意地说："大宝，你的尾巴怎么这么短？"

它本来看着我，一听眼睛就垂下、头也低下。

我意识到说错了，赶紧补一句："尾巴短没关系，只要有心修行就好。"它听了又抬起眼睛看着我；我继续向前走，它仍跟着我。

佛陀说众生皆有佛性，它听得懂我说的话；常住师父也在旁介绍这只狗——有一天它来到精舍，那时患有皮肤病，毛都脱落了。常住师父不忍心，送它去看兽医，经过一段时日的治疗与照顾，它的皮肤慢慢地好了，长长的毛也长得很美。

狗原本爱吃荤食，有次常住师父带"大宝"出去，精舍后面有些住家，它看到小孩吃荤食，好像也想吃，站着一直看，常住师父就说："大宝，不可以，回精舍吃饭。"它就乖乖地跟回精舍。

此外，它也很有爱心，天气冷时，它会像妈妈一样护着体形较小的猫狗，用身体帮猫狗们取暖。

还有二只猫，在精舍十余年了，一只是白色的波斯猫，另外一只是暹罗猫。这二只猫的形态很不相同，偶尔还会看到它们打架，它们刚来时，经常围着我，有时我与别人谈话，它们会跳到我身上让我抱；冬天时，会趴在我的椅子上，等我来了，跳下来让我坐，椅子还留有暖和的余温；等我一坐好，又跳上来让我抱。

有次海外慈济人回来，我在谈话中提到："大家都知道师父不接受供养，我现在希望你们以'和'供养。如今全球都有慈济人，在不同的国家、地点，期待大家都能合心和气，互爱协力。"

二只猫也听到了，从此以后不但再也没看到它们打架，而且还会互相礼让。它们用同一个碗吃饭，每当拿出食物时，二只猫就会围过来，停一下，像礼让对方；其中一只先吃，另一只就守在旁边静静地看，等它吃好了，就让到一旁换另一只吃。这种互让祥和的形态，令人感到猫也懂人性。

曾经看过一部关于地理的纪录片，一艘轮船航行在海洋上，海面忽然出现海豚，慢慢地靠近这艘客轮，船只向前航行，这群海豚也跟在周围向前游。船上许多乘客都出来欣赏，其中有位学者注意到领航的那只海豚先慢慢地游近船边，可能发现人们不会伤害它们，就找其他的海豚整群游过来，欣赏的人看到海豚游水都很欢喜，海豚也觉得人类很有亲和感，一同共享这段旅程。

轮船航行了很长的距离，海豚仍依依不舍地跟随，于是人们向它们摇手，意思是：送到这里就好。这群海豚好像通人性，摇头摆尾地欢送着轮船，结束这段很温馨的旅程。

众生万物情感都相同，"情"与"理"相通，倘若能了解一切众生的感情相通，就能通达人生的真理。

所以慈济人要"拉长情，扩大爱"，长情就是生生世世不舍众生,大爱是不分人类或其他生灵,都有一分平等爱。重要的目标是要调心,照顾好一颗心,调适"自己的心"与"佛陀的心"更为接近、契合,很自然地能以"佛心"带动"人心",期待人人的"凡夫心"努力向善,才能与"佛心"平齐,也是真正的学佛。

之三　无国界、种族、宗教之分

天地万物的本质,都有一分真纯之美。人类也一样,即使有种族、肤色的不同,然而体内所流的血液都是同颜色,内心都有一分善良的爱;尽管有国界、语言、文化的隔阂,但是我们同踏在地球上,同顶一片天,呼吸同样的空气,生命都值得受尊重,何来分别?

所谓"蠢动含灵皆有佛性",众生皆平等,何况同为人类,实毋需拘泥于外表的差异而作划分。

世上正信的宗教,无不强调博爱、大爱,佛教讲"慈悲"是爱的真谛,慈悲的爱无微不至,"无缘大慈,同体大悲",尊重一切生命,期待众生都能离苦得乐,这就是我们的大爱；有大爱就无障碍、无分别，佛经说"普度众生"，所以唯有无国界、种族之分别，才能真正普救众生。

我们身为佛弟子，肩负佛陀的宏愿也是责任，要为普天下众生拔除苦难，应将这分爱普及一切。"心包太虚，量周沙界"就是大爱，我们的爱要涵盖整个虚空，地球上哪里发生灾难，有能力的人都应该尽速伸出援手。

虽然自一九九一年起，慈济开展国际赈灾的志业脚步，承受诸多外来异议的压力，但是若能让发心行菩萨道的人有机会付出爱心，帮助置身于水深火热中受苦的众生能得救，即使有层层压力，也显得微不足道。

慈济像个大家庭，不但跨越国界，也遍及全球，期许能成为天下大家庭；海外的慈济人侨居任何国家，都要有"落地皆兄弟，何必一家亲"的观念，取用当地资源、人力，应该"取诸当地，用诸当地"，尽力回馈；回馈社会也就是付出大爱,在爱人的同时,也会被爱。

这分爱并非私情小爱,而是普及天下的爱——有他、有你、有我,大家将爱心合在一起,凝聚力量没有隔阂。

我们有幸生在科学发达、交通方便的现代,行于全球没有困难,因此要把握因缘,只要双足能走到、双手能伸到之处,都应尽力救助。诸如,慈济国际救援的足迹曾踏过埃塞俄比亚、卢旺达、柬埔寨、尼泊尔、车臣、阿塞拜疆等国,透过人道救援的工作,为他们拔除苦难。

此外慈济人积极落实社区化、地区化,除了在侨居地致力于济贫教富之外,也在全球各地发生紧急灾难时,或是贫病苦难较多,邻近有慈济人的国家都会及时前往援助。

一个人无法做天下事,必须号召群众;因此必须先从自己做起,带动周遭的人,再将这些因缘投注在当地,发挥救助的力量。

大爱不仅不分国界、种族,也不分宗教。宗教间应彼此尊重,诸如南亚海啸后,我们在印尼、班达亚齐等地兴建大爱村,为的是要让无家可归的人有个安身之处;他们或者受天灾或是因贫困而需要帮助,我们不仅给他们安身之所,还要做他们精神的支柱,因此对主要居民以穆斯林为主的地区,我们也会帮忙建设清真寺。

　　对于这些灾民而言,或许遭受与亲人永隔的苦痛,还要面对未来艰辛的路,信仰将会是抚慰人心的重要力量。

　　在各地从事人道救援时,慈济人并不会宣教,也不会勉强他人改变信仰,而是尊重他人的宗教信仰,譬如发放时,常遇人说:"感恩主派你来,主保佑你。"

　　有些慈济人会随着说:"感恩主!"这虽然体现大爱的理念,但是却未落实"为佛教"的精神;我们并非刻意传教,而是希望能让大家知道,这分清净大爱的法源,是来自于佛陀的教育。

有些慈济人就能真正做到"为佛教、为众生",诸如南非的慈济人尊重当地居民所信仰的基督教、天主教,所以在当地举办的活动,神父、牧师也来参加,彼此之间相处和谐融洽;而且牧师讲道时会告诉信徒:"应该要向慈济看齐,这群来自台湾的佛教徒爱我们,帮助我们很多!"

还有一群祖鲁族妇女组成的志工,长期关怀艾滋村,跋山涉水深入边地、关怀苦难,若是遇到有人往生,不同宗教信仰的祖鲁族志工也会为其助念佛号。

法譬如水,如同江河泉水都归入大海,无私的爱同样在普天之下滋润大地。这分滋润大地的法髓来自何处?就是爱,有爱就要勇敢表达,"为众生"拔苦予乐,也是真正的"为佛教"发扬光大。

人与人的生命紧密关连,不应分别国界、种族与宗教,慈济大爱的精神就是视人人为一家,无论识或不识的人都要彼此互助互爱,将爱扩及普天之下的人,力行人间菩萨道,在不同的空间都有觉有情的人间。

之四　付出无所求

人因为执著"有"而生烦恼、业力,如何将烦恼转为轻安、自在?就是要心中有爱,还要将这分爱扩大。"有心就有福,爱多力大",多付出爱给别人,"福"就会不招自来,因为付出没有希求回报,自然会得到欢喜;做得欢喜,就是造福。

记得曾有位捐髓的年轻人捐完髓后到精舍,他很恭敬地对我说:"感恩师父!"

我说:"你响应慈济的呼吁而捐出骨髓,应该是我感恩你,为什么你要感恩我?"

他回答:"我要感谢师父,因为有慈济,让我有机会救人,救人的感觉真好。"

这句话令我非常震撼,因为心与理相通,我能体会他所说的"救人的感觉真好";这位年轻人并不知道要救的人是谁,只认为可以救人,就尽己之力付出,别无所求。

常见慈济人将贫困病苦者视如己亲,为他们清洁身体、清理家园;这并非只给予金钱就能解决困境,而是需要亲自力行,以行动表达无私的爱,张开双手拥抱他们,传递人间温暖。

面对芸芸众生,我们付出真诚的爱,这分爱心如父母心、菩萨心,丝毫不计较;这分付出无所求的爱,不仅在台湾,也发扬到世界各地。

慈济人无论到哪个国家定居,都会将爱的种子带到当地播撒;有钱的出钱,有力的出力,有心、有力、有资源就能做得好。凡是救灾或救济时,都以"台湾慈济基金会"的名义,让国际人士知道这是来自台湾的团体;发放前也会读一封信,让受助者知道这是很有诚意的付出,是来自全球慈济人汇聚的爱心。

爱的效应和力量很大,例如有一年我们在斯里兰卡,为南亚海啸灾民发放,志工们来自新加坡、马来西亚、温哥华、美国夏威夷、台湾等地,八方云来集的菩萨。由于需救济的面积很大，需发放的对象很多，物资也多，需要分类包装，按照受灾户的人口数分配，还要进行义诊；不难想象，这么多的工作，在人手有限的情况下，是多么不容易。

幸好及时出现一位先生，名叫"菩萨"，可说是名副其实，他带来五十多个十岁出头的小小尖兵，帮忙在物资上贴慈济标志，协助将米分装成一包包，发放时帮忙老弱妇孺扛米、搬东西等等，发挥很大的功能。慈济人以身作则，感动了当地人，灾民变成志工也来帮忙，这就是慈济人以爱的形象与表达，感动国际人士的见证。

回顾一九七七年的赛洛玛台风，在屏东、高雄酿成巨灾，花莲还有台北的慈济人主动到南部救灾。那时候许多公务人员自家也受灾，所以在救助前，我们向当地公所索取受灾户的名单并不顺利，慈济人连续数日，一早就到公所门口等候未果。

台北有位慈济人忍不住，生气地问："师父，为什么我们要天天在这里等？还要看他们的脸色。"

我说："是谁请你来？别人没有请，是我们自己要为那些家园被毁、一无所有的人来求援。"

那位慈济人一听，想想道理就心平气和。我们也继续无怨无悔地进行救济安抚灾民的工作。

同时就这个台风的因缘，我们成立屏东分会。当地有位老人家有一天对我说："师父，我相信未来的慈济，应该是天下第一个大家庭。"

问他原因，他表示，看到慈济人为了救济台风灾民，缩小自己，无所求地付出，即使花莲、台北与高雄、屏东相距遥远，仍不远千里而来，就有这样的感受。

慈济数十年如一日，秉持大舍精神，认为付出是本分，出钱出力，这就是大舍无求。

佛教说"三轮体空"，即不执著自己是施助者，我们将奉献爱心视为理所当然，这是"无我相"；不分别谁是受助者，慈济人称之为感恩户，并与感恩户彼此感恩，这是"无人相"；我们帮助他人不执著物质的形象,也不计算布施的物资有多少,付出如走路一般,前脚走,后脚放,做就对了,这才能往前进。

《心经》云:"心无挂碍,无挂碍故,无有恐怖,远离颠倒梦想",行善并非为博取名声,也不是要受人赞叹或尊敬,而是做人的本分事;尤其付出的有形物资有限,对方示现苦难,现身说法教育我们体会人生的无常,了解世间还有许多想不到、看不到的真理,而有所觉悟,是很珍贵的教育。

倘若没有这些苦难人,我们如何自我训练做人间菩萨?因此慈济大爱精神还有一个特色——为普天下苦难众生付出时,不仅付出无所求,还要感恩对方让我们有服务的机会,发挥救人的良能。

之五 教富济贫、济贫教富

"慈济"二字的含意,"慈"是教富,"济"是济贫,慈济功德会成立时,就希望能教育富有的人救济贫困的人。

俗云:"助人为快乐之本"有的人舍不得布施、不懂得付出,并非心念不好,而是没有环境与机会,缺乏好的因缘。慈济开拓一条"教富济贫"的道路,创造机会让富有力量却感到心灵空虚、自觉不满足的人,有机会多了解苦难众生,藉此启发爱心,发挥一分力量,这股力量聚集起来,能成就许多好事、救许多人。

"教富"是让富有的人更富有爱心,用自己的力量做救济他人的工作,在慧命中种下智慧的种子。因为富有的人若没有先开启智慧,容易舍不得,因此我们教富,希望人人能付出真诚的力量。感恩慈济世界里许多富有的企业家,开启心灵付出爱心,无所求地发挥良能,他们承担愈多,愈是缩小自己,可谓"富中之富"。

有些人误认为:做慈济是有钱人的权利;其实有很多慈济人是"路边摊的董事长",或是基层劳工朋友,含括社会上各行各业。他们的世间财并不富有,"出世间财"的资粮却很丰富,有很多人做小工磨破手皮，也要尽己所能投入，因为点滴付出都可以汇入功德海，大家做得很欢喜，这都是"贫中之富"。

慈济人要藉事练心，"济贫"是方法之一，虽然有形的物资是虚幻假合，但是人面临急难、贫病缠身时，若不藉着虚幻的物资，就无法拯救众生，何能度化他人？

然而救灾时，只是给予物资，让苦难人得到救拔而已吗？救贫时，是否仅求受助者温饱、安稳就好？不是，我们还要更上一层楼，开启众生的智慧，在他们的心田中播下爱的种子。

人生为什么逃不过苦难？须知"万般带不去，唯有业随身"，今生所受是前世因，所以要种下善因，以备来世福报的资粮。因此我们在帮助苦难人的同时，也和他们分享——爱；不只是富有的人出钱，还有许多并不富裕的人，付出一点点，人人点滴汇聚，也能变成大江、大海，这片功德海里，都有每个人点滴爱的力量。

许多需要扶助、拥抱,才会看到一线希望的人,受到帮助生活安定后也能付出,尽管付出或许微不足道,然而爱心启发就是无量功德。如有些穷困人欢喜地说:"我不只是接受救济的人,现在也可以救人。"

有些老人家住在养老院,虽然吃住无虞,但是仅凭微薄的社会福利津贴零用,生活过得并不宽裕;老人家不吝惜地捐款付出,他们表示,只要慈济人常去陪伴、给他们一个心灵依靠就足够。

慈济人问他:"您将钱捐出来,生活怎么办?"

他高兴地说:"不要紧,欢喜就好,像我这样的人也能够济贫、做国际赈灾。"

即使自己生活简朴,内心却得到满满的爱与法喜;富有的人藉救济的工作造福,让贫穷者也能成为帮助他人的人,有机会付出自己的一分心力,在八识田中植下一分福,丰富自我福慧资粮,这就是慈济从"教富济贫"做到"济贫教富"。

在慈济世界中,无论是"教富济贫"、"济贫教富",

都是为了启发人人的爱心。

现今全球还有数亿人在饥饿边缘,多少人心灵贫穷;如何将爱洒向人间,致力于启发人人本具的爱心?这是未来仍要彼此勉励的。这分爱不分高低,大家集合这分平等的爱去关怀,以无私的心为道场,用爱铺路,才是真正的快乐。

之六　跨越宗教藩篱

人不能缺少宗教——宗,是人生的宗旨;教,是生活的教育。无论哪种信仰,重要的是有正确的人生宗旨,能够律己的生活教育;倘若人生没有宗旨,方向就会偏差,所谓"差之毫厘,失之千里"。

正信的宗教在于彼此和谐、没有执著,都是本着一分爱,诸如基督教讲博爱,普及人类,对人类有着尊重;佛教讲慈悲,相信众生皆有佛性,慈悲就是表达对众生无微不至的疼爱。

慈济的精神来自佛教的四无量心,没有宗教的区别,视天下每个人都是家人,无论什么宗教,以平等心尊重;如同我敬仰天主、耶稣基督,同样的,非佛教徒也可以敬仰佛陀的慈悲智慧,大家应该用感恩、尊重的心互相勉励,扩大心胸,包容天下人。

海内外的慈济人能跨越宗教藩篱,用爱付出;也有很多基督教徒、天主教徒们接受慈济的培训、受证,仍然虔诚地信仰他们的宗教。在许多宗教实践中,都可见慈济没有宗教的藩篱,做到大爱无界,例如新竹尖石乡山上部落居民大部分信仰天主教,山上的修女很有爱心,非常关心青少年。

有一年台风侵袭,山区遭到严重毁坏,教堂及附属的青少年活动中心都受损,修女不忍部落青少年失去活动之所,四处募款重建。当时新竹的慈济人获悉,立刻上山帮助修女重建活动中心,即使道路崎岖难行,慈诚队员及委员们每个月仍然送物资上山。

台东早期有一家天主教经营的妇幼医院,院内有四五位修女,每次我到台东岁末祝福,修女们都会前来参加点灯、祈祷，彼此都很贴心。

由于医学日益发展，那家医院渐渐地没落，台东的慈济人协助修女将该院重新隔间、装修，将医院改为安宁病房；修女们非常感恩慈济人的帮忙，慈济人也感恩修女们的爱心，有他们细心照顾当地的老人家、癌末病患，大家会合力量，分工付出。

海外的慈济人也是一样，如南非祖鲁族志工心胸开阔，他们大部分信仰基督教，仍然大力宣扬慈济的精神理念，而且每次讲慈济事，都会将"台湾佛教慈济基金会"斗大的字悬挂在教堂里；他们心中无私，有多少力量，就付出多少，因此能够受到牧师、酋长的肯定。

二〇〇三年印尼发生严重水灾，慈济从台湾运送五万吨米粮到印尼赈灾。当地居民多数是穆斯林，灾民在领米之前，穆斯林长老先带领大众做祈祷，并告诉大家："真主阿拉藉着台湾慈济人的手，将米粮送来印尼，我们要感恩慈济人的爱心，也要学习慈济志工的精神。"

他们不但接受我们的爱心,重要的是能够跨越宗教的隔阂。据悉发放时,由于慈济人都穿起印有LOGO的背心,他们知道这是佛教团体,穆斯林很虔诚守法,所以感到质疑与担忧而询问长老:"这是佛教徒送来的米,我们能不能吃?"

长老们回答:"我们要用感恩心接受。"

他们又问志工:"既然你们说不分宗教,为何要穿背心?"希望我们将有佛教慈济标志的志工背心脱下来。

慈济人很有智慧地回答:"因为人很多,穿上背心,才能够分辨是不是志工。"

这些穷困人接受到这么好的米,志工们牵着他的手,帮忙扛米粮,他们感到很欢喜,不断地感恩。志工们用心用爱的付出,尽管身体疲累,心灵却很欢喜。

慈济走过四十余年,无不是为了净化人心,所以无论是佛教徒、基督教徒、天主教徒,还是穆斯林,只要正信、无私,这股清流自然就是净化人心的教育。

慈济人普及世界各地,希望能将大爱普遍地撒播到每个苦难角落,不论哪个国家有灾难,慈济人打开心门,用同样的爱、尊重而感恩的心,无所求地付出,即是大爱精神的展现。

第二节　不忍地球受毁伤

慈济的大爱不仅含括人类,也包括物与环境。我们常说"不忍地球受毁伤",大地就如母亲,孕育着天下万物,含藏丰富的资源,季节到时,因缘成熟就会萌芽、成长;不论动物、植物,都有赖大地的滋养。

许多灾难来自于大地被破坏,不只是天灾还有人祸。诸如越战期间,不仅大肆轰炸,为了不让人躲入丛林,还曾洒下落叶剂,让整片森林的树叶都掉光,剧毒残留严重污染大地与空气;战后土地中也留有不计其数的地雷,让曾有"世界粮仓"美誉的东南亚,都因战争而失去耕地,以致民生凋敝。

为了制造武器与取得金属资源,不惜开山凿洞肆意开采,全世界因为战争破坏多少高山、大海、土地、资源,以及人员的损失,难以估算;如海湾战争时,大量原油流向海洋,不仅浪费资源,海洋生态也受到波及。

除了战争之外,为了经济繁荣或交通方便等因素,开辟山区道路或隧道,工程浩大艰巨,也影响自然生态甚重,可见人为破坏是多么可怕的事。

原本山中土石结实,树木有水土保持的功能,雨水一来,可以储存水分,再慢慢地释放出来;为了开发而滥垦滥伐,不断地挖掘土石,整座山无疑变成空壳,再者挖掘过后的土石松动,被雨水一冲刷,就成土石流,轻者造成污染,重者酿致巨灾。

台湾的溪流本就陡峭湍急,带下的土石将溪床填高,河川蓄水排放的功能锐减;长年累月破坏的结果,山脉断了,水脉也断了。

大自然是个大乾坤，人的身体就如小乾坤；大、小乾坤的道理相同，假如人体血流不止，就会危及性命；挖山凿洞如同开肠剖肚的手术，挖到水脉时，就如伤及血管动脉，都会让大乾坤生态的健康一寸一寸地遭受破坏，美好的大自然被人为无限制地开发，如同好好的人遭受无病开刀，让人不忍与担心。

俗云："人能胜天"，人的力量真能无限无穷吗？人世间很矛盾，为了贪图方便而大举破坏，为了贪取物欲而不择手段，以致地球受毁伤，大地反扑，温室效应导致气候变化，冰山迅速融化，海水愈涨愈高，地层中含藏的淡水逐渐消失，而面临土地沉没的隐忧，都是人类未来的危机。

众生依赖着大地而生，我们应肤慰地球；欲让地球休息，首先要节流——不要过度开采，还要致力资源回收再利用，如此不但能防止地球资源枯竭，还能减少污染。

慈济人做环保，就是不忍心地球受毁伤；地球只有一个,疼惜大地是人人的使命。

之一 生命共同体

从前的气候,春夏秋冬四季分明,该热的时候热,该冷的时候冷,该下雨就下雨,该有风时有风,农夫耕作,米粮蔬果都依季节生产;如今气候丕变,加上科技药物、刺激植物生长,导致生长时序紊乱。

全球暖化现象日趋严重,地球如同发高烧;世界各地涝旱失调,天盖之下,地载之上,大家都是生命共同体。我们生存于天地之间,必须仰赖四大调和,才能平顺无灾,倘若其中一大不调,就会引发灾难,无人能置身事外,所以要敬畏天地与大自然。

自九二一大地震之后,为了要让土地能呼吸,我坚持希望工程必须铺设连锁砖。

犹记多年前,一日清晨我在精舍静坐时,突然感觉大地在呼吸,感觉地球是活的,地表如同我们的皮肤有毛孔也有呼吸,所以我说"踏地要轻,怕地会痛"。

天地孕育万物，众生依赖着大地，即使形态各不相同，同样都是生命，这就是群类共生息。我们与天地万物之间，还有人与人之间，存在着密不可分的关系，因此要有生命共同体的观念。

要维护人世间的祥和安宁，无论是对天地万物或人类，都应打开心门启发爱心。若大家能有生命共同体的观念，内心就会如泉源般不断地涌现爱，以温柔的心对待每个人乃至天地万物，如此世间才会祥和。

之二　爱物惜福

近年来灾难频仍，究其根源都是源自人祸；人类的生活需仰赖天地万物，代代子孙还要生存在地球上，我们应该节约资源。

日常一切当思来处不易，就如每日吃饭时，应该想到一碗饭需有多少人的心血与辛勤付出——农夫撒下种子细心育苗之后，还要插秧、除草、灌溉，到了炎夏盛暑，在烈日下割稻、晒谷，然后去壳才成米。

虽然现代农业耕作已机械化,减少许多人力,但是机器的制造也需要工业配合,从机械原料开采,到设计、制造、运送、贩卖,都需要许多人力的投入;白米要煮成熟食,炊具锅碗、瓦斯等,更是不可或缺,无不是众人辛苦而成,所以一粥一饭都要好好地珍惜。

同理,世间所有用品,皆是来自大地,赖众人之力所成就,所以我们不仅应该珍惜所有的物资,还要"疼惜地球"。曾经有位美国的教授,希望找出环保、人性伦理与地球的关系,以便大力推动环保工作;他拜访慈济时,听到我说"疼惜地球"十分好奇,请我进一步解释。

我说"疼惜"的意思,就是视地球为生命体,人人要用保护自己身体的心情对待地球,并举例告诉他,我的笔记本大都是记一些备忘录,每张纸至少使用三次:第一次用铅笔写,第二次用钢笔写,最后再用毛笔写一次;环保必须从自己做起——先爱惜周遭的物资。

现代文明讲究享受、生活方便，节省人力劳动，于是不断地发明新物资，愈来愈容易取用，无形中都会伤害大地，例如现代的废弃物，多是塑胶、保丽龙，很难自然腐化；各式家电冷气机、电视机、电脑等产品不断地推陈出新，倘若没有惜福的观念，会养成物品尚能使用就汰旧换新，乃至丢弃的陋习。

古云："勤俭是美德。"我们要以静修身，以俭养德，一定要淡泊明志，生活不要奢侈，否则制造囤积大量垃圾，终至危及生活环境。倘若人人能惜福、做环保，无论是纸类、玻璃、铁罐等资源，回收再制就是不断地让资源"复生"，就不会过度开发或消耗资源。

内湖有位叶居士，看到大家随意弃置电池，既浪费又污染大地，就特意回收电池，并且悉心分类、测试，仍有电量的就整理出来，放在环保站提供大家再利用，除了惜福心之外，还需要非常有耐心，才能长期投入这样繁琐的工作。

又如一位许居士，看到回收商往往将插头当成垃圾处理，感到很可惜，就发明工具将插头简便地分解为塑胶、青铜与红铜，青铜、红铜的再利用价值非常高，尽管只是一个小小的插头，但是积少能成多。

慈济人出门都会带环保杯、环保筷、环保碗。现代人在外用餐机会多，一人一双筷子，一顿饭，全台湾要用数以百万计的筷子，需砍伐多少竹子或树木来制造；人人出门若能自备筷子，既卫生又节省物资。我们要疼惜大地，提倡人人惜福、爱物，如此才有办法造福。

之三　温室效应与碳足迹

全球暖化情况经由许多科学家用心分析、研究，得出共同的论点，主因来自人为严重污染空气与大地，造成温室效应所致。

人类追求文明，讲究享受，在过去数十年间生活已日新月异，而且全球人口增加快速，想起慈济功德会成立之初，台湾人口仅八百万，全球则是三十多亿人口,迄今台湾已有二千三百多万人,全球更逾六十亿。人口增加,衣食住行各方面需求急增,再加上各种享受,大量养殖、畜牧,以致破坏多少生态,在大地不断地造成恶性循环。

再者现代生活形态与以往相去甚远,老一辈人生活俭朴,日用品一用再用,还要循环回收,譬如衣服破了就补,破得补不了还要留给小孩当尿布;现在的人不但不会缝补衣物,甚至有些人还将颇新的衣服丢弃,以致垃圾问题愈来愈严重。

我们日常生活用品不外乎来自三种资源:第一是伐树,以制造纸类、家具等;第二是采矿,开采山中各种金属矿藏与石材等;第三是钻探地底石油。地球资源有限,人类若是无节制地开采,不但很快就会耗尽自然资源,地球也会被严重破坏。

人体的小乾坤若不调和,就会生病,自然的大乾坤也是如此,都需要用心调和。天盖之下,地载之上,如同一座大宅,如何才能均衡调和?需要大多数人的响应，同时也应警策——享受的背后即是危机。

近来常听到一个新名词"碳足迹"，意思就是人类食衣住行各方面制造的二氧化碳污染，会随着人类的足迹残留，譬如现代人出门，近则骑机车、开车，远则乘飞机、火车等交通工具，无一不制造大量二氧化碳；还有生活中已离不开电力，天气热时要开冷气，冷时要开暖气，以及种种家电用品，耗费大量电能，发电、用电都会制造大量的二氧化碳，这些都会增加"碳足迹"，成为影响全球暖化现象的重要原因。

要改善暖化现象，必须先求"碳平衡"；要碳平衡，一定要心平衡，人人从克己做起，克服自己的欲念、勤俭生活、节约能源。其实每个人都有能力改变，像是在生活中"行"的部分，可以少搭乘汽、机车，改以脚踏车通勤或是步行；还有家居室内不要经常使用空调或暖炉，倘若家家都将热气、垢秽排出户外，能不加剧温室效应吗？如此不但耗损能源又容易造成污染，应尽量过自然的生活。

全球慈济人不仅致力于改善大自然的空调,也要启发人人的爱心,做好心灵空调,因此除了急难救助、济贫扶困以外,同时也积极推广环保理念,教育大众不分老少,爱地球必须从自身做起。

令人欣慰的是,慈济人大力推动"克己复礼"运动,许多年轻人响应,譬如慈济大学一群学子,用心在校园里举办茶会,推广爱护地球的活动。有位学生分享参与活动的心得:他是住校生,由于电费已包含在住宿费中,所以他整天开着电风扇,无形中也制造碳足迹。透过活动,学习到不论用电、用水都应节约,并反省自己每日的生活,而发愿力行环保。

马来西亚吉隆坡的多媒体大学学生,也投入环保活动,除了对自己学校进行宣导活动之外,每逢周日就到附近社区挨家挨户宣导。当地居民都很支持,将自家的纸类、宝特瓶类等,分类清楚,交给这些学生回收;这都是智慧型的觉醒,不只是社会的希望,也是人类的希望。

我们要好好地觉悟,举手投足间多用心,多付出一点,不要计较。人人都有使命,希望能从净化人心的小乾坤做起,进而改善大乾坤,祈求天下无灾难。

之四　爱大地做环保

近年来全球气候失调,导致许多灾害发生。其实天灾出自人祸;由于人口持续地增加,对物资需求也愈大,消耗资源快速,人为的破坏加速大自然有限资源的耗竭,以及各种破坏、污染,都会对大地造成严重伤害。

大地供应五谷杂粮,孕育众生,我们应该要感恩天地万物,回馈大地之母。因此我常说"来不及",人人都有责任为保护地球尽一分力量,地球只有一个,大家要提升环保意识,用心于节约资源与能源。

做环保,不仅是为了保护地球,同时也是个己惜福与造福的机会,对于我们使用过后的物资,随手一丢虽是一个动作,却会造成环境污染;捡拾分类也是一个动作,却可以净化大地。所以要时时刻刻累积福业,大家应提起疼惜大地的使命感。

除了人人要改变心态之外,也要改变生活形态——日常生活以简约为要,培养惜福爱物的心,善用物品的功能,延长物命,不要动辄汰换,并且落实垃圾减量分类,以减轻地球的负担。

因此落实社区教育宣导很重要,将环保观念传达到每个家庭——重视环保。大家从自身的环境做起,由近而远地推动,才能有成效。例如旧金山市政府邀请美国慈济人合作推动环保,挨家挨户按门铃做宣导,要做到垃圾不落地,家家户户落实垃圾分类,就发挥很大的功能,仅纸板一项,一年就回收一百五十吨,还不包括铁铝罐、宝特瓶等资源。

马来西亚每年的"卫塞节",也就是佛诞节,都有盛大热闹的绕境活动。马来西亚的慈济人很用心,事先到家家户户做宣导,也沿着绕境路线设置环保站,当天慈济志工们随着绕境队伍边走边捡拾垃圾,集中到环保站。其中有一家三代每年都来共襄盛举,老祖父拿着塑胶袋,两个孙子一路跟着捡垃圾。他们分享,过程中向前走认真做,回过头看到街道变干净,就很开心,感受到法喜充满。

人人都可以做环保,不能轻视任何人的力量,只要用心让大家了解道理,一起做环保就对了;不只是垃圾回收变成宝,重要的是净化心灵;倘若不自我启动心灵环保,如何做大地环保?

心灵环保,就是时常"口说好话、身行好事、心想好意";思想要正确,周围环境要保护,个己身体也要环保——不抽烟、不喝酒、不嚼槟榔。投入环保时时活动身心,能让身心健康,俗云:"要活就要动",这就是表示生命力旺盛没有休息。

在做环保的过程中,常有许多感人事,也会转变人心。我们应该多用各种方法投入人群,制造许多心灵的净土,让人人都能净化心灵,愿意惜福、爱物。

欣见环保理念推向全球,全球的慈济人知福、惜福、再造福,共同的心念与行动,致力将垃圾再造变为黄金,垃圾堆变成一片净土,这片净土从心而生,心净则土净。

1. 水土保持

现代都市水泥丛林,为了便利人车通行,路面也铺设柏油,可说整个大地都被封闭。土地就像是皮肤,需要毛细孔帮助释放热气。为了让大地呼吸,建设时就要预留散热空间,因此我们的建设,不论户外广场或通道大部分都铺设连锁砖,可让地面热气散发;下雨时,不但有吸水的功能,也可以地下储水。

水,是大地的血脉,也是生命的命脉,假如大环境缺水,粮作就会歉收,饮用水不足,所有的动植物都会面临生存危机。近年来世界各地频传水灾、干旱,代表水的不调和。

水脉被破坏,主要来自大肆开发,凿山开路、伐林垦地,山脉遭受破坏;为了口欲饲养牲畜,消耗大量自然资源。仅仅以牛只饲养而言,一只牛每日饮用水量达四十公斤,此外种植牧草,需开发多少森林、占用多少土地?想想每年有难以计量的原始林因此流失。

大地的水脉已不能再受到破坏,必须做好水土保持,否则一旦发生干旱,土地将会慢慢地沙漠化。

时常听闻沙尘暴、久旱不雨、涝害成灾等等,都与水有关,切莫认为这些灾害都发生在遥远国度,其实我们周遭也存有同样危机,所以要爱地球,就要为这块美好的土地,留住一片绿洲。

2. 提倡种树

为地球尽一份心是人人的本分事。我们在地球上生长,日常生活都是取自自然,哪样不伤害土地?吃一餐饭要浪费多少物资,制造多少垃圾?也许有人认为"我没有制造污染"!其实每个人或多或少都有制造污染。

佛陀教导我们"观身不净",九孔常流不净物,只要一出生,就会吐浊气,遑论其他如汗、泪、唾、涕、粪、尿等秽物;人口持续增加,仅仅呼吸就会累积很多浊气,例如一些公共空间,人潮拥挤时,空气就会恶化,即是实证。

大地健康,人类才能平安。森林正如地球的肺部,人的肺部若是浊气排不出,氧气吸收不够,健康就会亮红灯。种树是为大地之母保护肺部的功能,树木会纳垢吐新,吸收我们呼出的浊气,释放干净新鲜的空气,对平衡空气以及维持生命的健康都很重要;还会涵养水分,根部能抓紧地表土壤不被冲刷,是水土保持重要的关键。

佛经也提倡种树,例如《阿含经》提倡人人种植花、果、树木,能使人清凉,增加功德;又如《毘尼母经》中,佛陀向比丘提及:佛法僧三宝,应该要种三种树,第一种是果树,第二种是花树,第三种是叶树。鼓励人人种树,是有福无过的作为。

保育山林的方法，"开源"是多种树，然而"十年树木"，一棵树的成长耗时多年，倘若不停止大量砍伐，植树与砍树如何维持平衡？因此最重要的是"节流"，尽量少砍伐、少开发，否则水土保持遭受破坏，还有多少土地可供种植树木？

为了减少砍伐数十年、甚至上百年树龄的树，在日常生活中要珍惜家具等物命，同时节省使用纸张，将旧纸回收，制成再生纸，积少成多就能达到减少砍伐大树、拯救树林的目的，这也是节流。

以前旧纸再制叫做"粗纸"，主要用途是"金纸"；其实任何信仰，虔诚心最重要，焚烧"金纸"，不仅浪费资源又污染空气，实不相宜。纸张应该用于文化宣扬、传承方面，珍惜每一张纸的良能，是惜福也是修慧。

人人要做大地农夫，不仅是有形的大地，还要做心地农夫，勤加付出、自耕福田，如此才能缓和人类的危机。

3. 环保志工

台湾是风光明媚的宝岛，只要有心，必能整顿成一块净土，这需要很多人的力量才能带动社会，教育家家户户环保常识与理念，不要让台湾变成昂贵的贫民区、垃圾场。

每个人都有清净的本性，只是受到后天的污染，因此要建设净土之前，必须先整理好每个人的心灵环境。如环保志工秉持着爱心、恒心、平常心投入，修心养性付出，利用时间利益人群、大地，也是修行。

其实街头巷尾都是道场，随时随地都能修行；有些人西装笔挺、光鲜亮丽，一见需要资源回收，立刻脱下西装，戴上手套，蹲在垃圾堆中做分类，一般人难以放下身段投入环保工作，无非是心门未开，只要打开自己的心门，就能做好有形的环保。

曾看过一则新闻报导，在大陆重庆，有对新人在结婚当日沿街捡垃圾、做环保。这位先生深具环保意识，认为人人都应保护地球，因此选择这种节俭又难忘的环保婚礼，太太也夫唱妇随，不但有意义，也很令人赞叹！

还有位住在台北的慈济会员，她是排湾族原住民，因缘际会到屏东，遇上鲁凯族的一位年轻人，二人结为夫妻。这位师姊就随着先生定居山上，她希望能将环保理念与慈济精神，推动到当地；只是自己学历不高，个性又保守，与当地居民不同族，语言不通，自忖不知如何推动？

所幸先生很支持，她就从自己做起，然后挨家挨户去拜访，有时比手画脚与人沟通，有时先生会帮她翻译，做到令大家都很感动，乡长、里长纷纷支持她。

为了呵护大地、疼惜大地，即使很辛苦，她仍然将推动环保视为使命，重要的是带动当地居民，改变他们的生活方式。因为环保志工要守慈济十戒，宣导他们戒除喝酒、抽烟、吃槟榔的习性，再教育大家落实环保理念，为大地付出。如今在山上有了一群环保志工,不分种族、宗教,大众一心,为爱付出,真的很不容易。

回收资源是真正"福慧双修"。做环保不分老幼,父母亲投入,也可以带孩子一起来做环保,这是最好的"游戏";"菩萨游戏人间",让孩童透过做环保,懂得惜福、不浪费,从小培养不存贪念又造福的观念。

许多老人家也投入环保志工的行列,每次看到他们一双粗糙的手,我都说:"这是最美、最有价值的手。"

他们从小为了生活刻苦劳动,成家后为养家而奋斗,也为社会付出,无论造桥、铺路,或是士、农、工、商各行各业的发达,无不是老人家奉献一生所创造;如今年纪虽大,但退而不休投入慈济志工,用双手继续做资源回收、肤慰地球。

做环保可以让人做得很欢喜,同时对身心健康都有帮助;环保场不但是净化惜福的道场,也是教育邻里以及人间菩萨招生的道场。环保志工能亲身践履,日日心存好念、身行好事、口说好话,可说是最有意义的人生。

之五　爱心化清流,净化人心

现今全球关注环保议题,要减缓灾难的发生,就需带动、启发人人的爱心,必须身体力行才会有成效。

一九九〇年我曾在一场演讲中,心有所感地说:"请大家用鼓掌的双手做环保。"迄今慈济推动环保十余年,环保志工都是以疼惜地球、不忍地球受毁伤的心,用爱付出与呵护,致力于资源分类回收,改善环境卫生也传扬惜福的观念。

大爱电视台成立后,运用现代科技迅速地传播真善美,透过在天际的卫星,即时传达大爱的讯息,让全球都能收视。海内外的观众也曾分享,收看大爱台之后,除了对其中的真人实事深受感动之外,从中也体会、学习道理,改变个性与错误的观念,进而美化人生。

这些看得见、听得到的成就背后,应感恩环保志工默默地将资源回收所得护持大爱台——将垃圾变黄金,黄金变爱心,爱心化清流,清流绕全球,滋润大地,净化人心。

以前常听人说,助印经书的功德很大,因为经文都是劝人为善,人人行善,社会就能祥和平安;现今社会读经的人有限,加上现代科技发达,可以不受限于空间,弘扬善法更加广阔普及,所以要善用媒体,尤其志工们缩小自己,弯着腰做回收,这幅美的镜头播送全球,感动许多人,同时也直接传递我们对环保的知识与理念,这股清流绕着全球净化人心,比印经更有功德,范围还要开阔。

"人能弘道,非道弘人",人生正道非常重要。古云:"就有道而正焉",为人应该好好地行正道;传统礼仪很美,是我们应该传承的人文之道,媒体能传播真实的"人品典范",作为人人行正道的指标,是真正的文史流芳,也是媒体最重要的任务。

虽然台湾很小，但是大爱的力量无远弗届，期待这分爱的效应能普及全球，只要实际推动，相信必能产生影响。

第四章　小结：感恩、尊重、爱

《无量义经》云："菩提大道直故"，菩萨道是一条笔直的大路，我们都是慈济宗门的菩萨行者，大家同心同道，要道心坚定，携手合心走菩萨道，最重要的是"感恩、尊重、爱"。

我常说"微尘人生"、"纳米良能"，付出愈多就愈有感受，心也能愈宽阔、谦卑。学佛，要学习如何缩小自我，如同纳米般微细，却可以发挥无处不在的微妙良能，修行的功夫，就在这分"真空妙有"的道理。

我们能身体力行做得欢喜，无不是众人成就，"天下米一个人吃不完，天下事一个人做不完"，成就好事需要众志成城，"众"的古字是三个"人"，有这么多同道者,应该要感恩有他、有你、有我。

对他人说"感恩",不能只是口中说说,要看能否由衷地表达,若能如此,就能灭除自我、主观的意识,放下自大的身段,而表达出对人的尊重;能尊敬他人,自然流露内心真诚之爱;人间少不了这分真诚之爱,能启发人人隐藏在心灵深处的爱,与众人产生共鸣、发挥影响,同时付出成就好事。

众人合心协力投入慈济菩萨道,重要的是能和气、互爱。对于苦难人,都能无所求地伸出援手,或是以宽阔的胸怀原谅他人,倘若与同道者计较,就会伤害和气,失去和合之美;所以与人相处不应计较,做事要宽一寸,为人要退一步,无论受到什么烦恼考验,都要心存感恩。

唯有彼此尊重,才能合心,能相互感恩,就会发挥爱的力量;重要的是,化为行动。诸如从一早起床就能充满感恩,以笑容面对家人,家庭就会很和睦;在社区要敦亲睦邻,人人自然平安。

在日常生活中，要时时不忘感恩、尊重、爱，有爱就懂得尊重，有了尊重自然会表达那分感恩，以这分善的循环对待所有人，社会就会渐盈美善的风气。

第二部　慈济人文

第一章 人文的定义

"人文"的意义,从字义上来看,人文是人类的文化。《易经》云:"观乎天文以察时变,观乎人文以化成天下。"古圣先贤归纳人文,即人类对于诗、书、礼、乐之所为。进而《论语》中有言:"礼之用,和为贵,先王之道,斯为美。"要展现人文之美,重要的是一个"礼"字,这是中国固有传统美德;人与人之间彼此以礼相待,时时刻刻、任何环境都会感到和睦融洽。

宗教是"人生的宗旨,生活的教育",正信的宗教都是为了教化人生、美化人生;在我的心目中,简单就是美。

时常听人说:"慈济人的形象很美。"无论出国赈灾或社区活动,只要有慈济人参与的场合,都会令人感受那分祥和与亲切,这就是人文气息。

慈济人无论行住坐卧都要有规矩,并且要以身作则——为人父母有为人父母的仪轨;为人子女,也要有为人子女的规矩。慈济人遵守"慈济十戒",在生活中表达出来的,就是慈济人文。

现代为求开放自由,漠视礼仪、廉耻,欲念心门大开,淡忘道德理念,或为名利争夺不休,争到了"一",却认为还缺"九";如此"有一缺九"的人,永远没有满足的时候。

我们期待社会清纯净化,感觉很难办到,所以必须从个己做起。慈济人都是"有十舍一"——得到多少就舍多少,舍得开心欢喜。

有人认为"只要我喜欢,有什么不可以";慈济人则是"不该做的,就是不可以",因为深知为所欲为只会迷乱心性、失去方向,应遵循轨道、不逾矩。

何谓"慈济人文"?"人文"就是人品典范,文史流芳。我们以佛教的精神入世,在生活中不要偏离人生方向，进而发挥生命良能，这是生命的结晶；将我们的精神用对方向，能够利益人群，是品格的升华；能自利利他，发挥生命的价值，也是成长自我的慧命。若能达到人格完满，必能感动他人；感动他人的人，即为"人品典范"，所做的事都能"文史流芳"，就是慈济的人文。

真正的佛法是自性三宝，我向来要求"言必行，行必能言"，没有做了却不能说，或只说而不做的事，这是现代的佛法。在行善与付出的过程中，难免遭遇挫折或困难；每当我对慈济人说："你们辛苦了！"大家都会说："幸福。"能转辛苦为幸福，是因为少欲知足，能欢喜地付出，有充分的勇敢与毅力克服难关，才能愈做愈欢喜。

大家有缘同心同道走入慈济，彼此能合心，才会发挥很大的力量；修行要福慧双修，以智慧克服是非，才是福德。

慈济四大志业中的每一志业都含有人文。如慈善志业,从当年的"竹筒岁月",《慈济月刊》点滴不漏地记载每笔捐款,无论是谁、捐多少钱,由哪位委员收款,一笔一笔都很清楚明白;不以"无名氏"捐款以示"征信",表示我们所做毫无私心,点滴汇入功德海,也让人建立对我们的信心,确实做到"诚正信实",这是慈济人文的源头。

医疗志业,在于发挥"抢救生命、守护健康、守护爱"的功能,无论是医疗团队用生命走入生命,建立温馨的医病关系,或是志工们作软体中的软体,悉心陪伴病人,纾解身病与心病的苦,都是医疗的人文。

教育志业方面,不只落实完全教育,乃至九二一大地震后援建希望工程等,最重要的是"软体",诸如慈济教师联谊会的老师们有志一同,普遍于全球各地,都能以人文教育传播慈济爱的精神,用"老师心,菩萨心"教育学生。

人文志业本就含有人文,也负有记录与传播人文的使命;不但能见证慈悲,也能汇入慈济大藏经。

难得来到人间，我们要发挥生命的良能，建立"人品典范"，所以留下点点滴滴的历史，都是"文史流芳"，也是慈济人文所要达成的目标与方向。

第二章　人文与文化的差异

早年社会普遍贫穷,贫穷不离病苦,慈善工作之后,继而开展医疗志业,社会不能没有教育,唯有教育才有进步的未来;在社会稳定后,文化工作、教化人心更不能缺少,因此慈济四十余年来,次第发展出慈善、医疗、教育、人文四大志业。

虽然志业发展有前后次序,但也可说是平行发展,从一开始就陆续发行的《慈济月刊》《慈济道侣》,逐步扩及广播、电视等媒体,到了慈济第四个十年,主力发展"人文"志业。在此之前我们称之为"文化"志业,后来我说:"不要说'文化',要说'人文'。人文比文化更确切,因为人文蕴含精神的传承。"

"人文"与"文化"有何不同？放眼现今社会，文化很多元，而展现不同风貌；例如有些年轻人刺青、穿鼻洞、染头发或身着乞丐装、披头散发等，都可说是一种文化。

"文化"是适应时代的潮流，随着时代的演变，随波逐流可能遭受污染。我们希望的是，有真、善、美内涵的"人文"；以外在仪容而言，大家进入慈济志业，就要达到服仪整齐、举止合乎礼仪，有纯真良好的形象与品格，自然在谈吐、待人接物、威仪等，流露出真诚的内涵。这分佛教徒的气质与精神，也是慈济人的形象，表达出来就叫做"道香"、"德香"，这分道德之香，可以让他人感受到并从内心生起尊敬。

人类自称为万物之灵，有别于禽兽之处，就在"礼"；礼者，理也。慈济的人文，就是能守住礼仪规范、伦理道德，也是美化人生。

对于文化工作，我们的期许是"为时代作见证，为人类写历史"；"人能弘道，非道弘人"，媒体报导很重要，媒体人更要以身作则，肩负起为人品典范留历史的使命。

我常说"导"字就是"道"下还有一个"寸"，要引导人人在正道上分寸不偏离，才是"报导"的意义，而非将人事丑化，变成紊乱的文化。

我们期待媒体表达出"人品典范"，传承人类的礼节、道德、伦理，同时记录时代的美善，倘若每个人都能真正地用生命投入于修己利众，用爱付出，将说过、做过的历程如实记录与流传，就是文史流芳。

期许慈济人文志业能如一股清流，见证这个时代好人善事，记录人生的大藏经，弘扬美善到天下，也是一种善的循环。

第三章　慈济的人文

第一节　基本理念——内修诚正信实·外行慈悲喜舍

人间菩萨如农夫,我们立志做人间菩萨,必须先耕耘好自己的心地,让菩提种子萌芽、成长,结出累累果实,再将善的种子撒播到全球,大家齐心同耕大福田。

心地的菩提种子,若要长成大树,则需"四缘合一"——

以"诚正信实为大地":内修诚正信实,去除心田中妄念杂草,种子才得以生根。

以"慈悲喜舍为和风":外行慈悲喜舍,这分道风德香让人如沐春风,启发他人善心善念。

以"智慧妙法为净水":以智慧妙法洗涤人心、滋润心田,方能回归清净本性。

以"殷勤精进为阳光":开启心门,让阳光温暖地照拂,善的种子才能萌芽、茁壮。

守诚、守正、守信、守实,是做人的根本,我们日日学习调心,对人、事、物,若能时时以"诚"相待,就不会后悔;心行能"正",所作所为一切正当,以正待人,不致招怨;还要立愿"信",能相信正法,在正法中步步精进;若能立志坚定、步步踏"实",就不会受外境诱引;能内修诚正信实而无私,就会彼此互信,进而开拓更多人的心地,一同为大爱付出良能——外行慈悲喜舍。

慈济志业从慈善做起,秉持"无缘大慈"的精神,即使非亲非故,都能用慈心呵护天下众生,为众生拔除苦难,结下一分好缘,这分清净无染的爱就是"慈",无论遭遇何种逆境,都不会后悔,这就是"大慈无悔"。

人生最尊贵的是生命,最苦莫过于病痛;在医疗方面,我们发挥"同体大悲"的精神,以抢救生命、拔除众生病痛为使命;尤其看到社会上还有许多偏远地区缺乏医疗资源,不仅需要硬体设备,还需要软体——爱的医疗人文;慈济人视病如亲,无论受到任何委屈、辛苦,都能无怨尤,这就是"大悲无怨"。

因此,我们既已立下坚定信念,就要欢喜前行,能打开心胸、展开智慧,包容与善解世间的人、事、物,并且懂得付出大爱,如此就是大喜。因为心胸宽阔,看见他人有所成就,我们也会随喜赞叹;天天欢喜,时时舍掉烦恼,人生就会轻安自在;只要内心充满欢喜,自然就没有忧愁,这是"大喜无忧"。

最后一项是"大舍无求"。付出,就是"舍",是发自内心真诚地利益人群,为他人而舍;并且在付出的同时还要感恩——感恩一起付出的同道者、受我们帮助的人,甚至诽谤我们的人。警惕自己不要责难他人，能视阻碍为"逆增上缘"，也会增添一分智慧。慈济人随分随力而付出，付出无所求，即"大舍无求"。

我们用心地推动慈善、医疗、教育、人文，四大志业与慈济的人文必须内外合一：诚正信实是内心的本怀，慈悲喜舍是外在的行动，慈济人遍及全球，无论千里万里之遥，都是佛心师志，步步踏实走在菩萨道上。

慈济志业不离佛法，我们要"内自诚而无悔、心行正而无怨、愿立信而无忧、志坚实而无求"，用生命写下人生经藏，将大爱弘扬于世，也是救世与救心的最佳良方。

第二节　核心精神与实践之一／佛法生活化

佛法不离世间法，倘若人人在世间的所作所为，都能至情至理，就是佛法。"至情"是真正无私的感情；"至理"是最纯正的道理。佛法不仅是一般的宗教信仰,也是圆满的哲学、科学与文学,融合一体很美的教育,因此我希望慈济人接触佛法后,不只是诵经、拜经,而是"行经"。

我们所知的佛典,是佛灭度后才结集而成,数百年后陆续传出,再经过翻译、润饰等,文词语句与佛陀亲传已有差距;再加上时空变化,以及历代高僧大德各有不同的诠释与见解传世,以致佛典似乎已成深奥难懂的义理,令人感觉难以亲近。

其实佛陀依人们生活的不同,而阐述方便法门,因此合于人、事的道理,即可视为真理;倘若不合人、不合事,哪有道理可言?所以"人圆、事圆,理就圆"。既然处于现代,教育人人遵循做人的规范,也要能配合时宜;例如佛世时,日中一食,树下一宿,倘若以此标准要求于现今的环境,确实不易做到。

我曾说"人格成,佛格才会成",因此将佛法落实于生活中、普遍在人间,让人人都能在日常生活中运用佛法,才能发挥生命的价值,走上正确的方向。

有人认为,学佛要静坐、参禅;其实在动中取静,才是真功夫。身处流转波动的环境,如何将心静下来?学佛就要修得时刻将自心、生活与佛法同步调,随时都可以体味万事万物的道理;如行、住、坐、卧无不是修行,法法皆是禅,无论身处何时何地,都是修禅定的契机,只要多用心,信手拈来都是妙法。

佛法不只是诵念或讲述佛经义理,而是读经明理后能确切实践,才是真正弘扬佛教慈悲喜舍的精神;诸如慈济办慈善、建医院、兴学校,固然是因应社会需要,其实也是广开佛教大门,希望人人由善门入佛门,藉世间事,走入智慧法海。

慈济宗门,就是要"为佛教",致力将佛法生活化,以出世的精神,"为众生"行入世之事,才不枉来人间一趟的殊胜因缘。

之一　孝道

古云:"孝是万善之源"、"百善孝为先",孝顺是做人的根本。扶养子女是父母的天职与责任,将孩子照顾得无微不至的父母比比皆是,甚至可为孩子勤俭一辈子。也许有的父母比较不会表达,让子女觉得和父母不合、不贴心;身为子女者,应明白母亲怀胎十月的辛苦,临盆分娩的痛苦,父亲忧劳地工作养家,若非父母含辛茹苦地呵护与疼爱,子女如何长大成人?

父母为子女辛苦付出而无所求,事事为了子孙,到了年老时,年轻人各奔前程;老人家却孤单独居,病痛时若问他:"有没有告诉孩子?孩子知道吗?"

"不要告诉他,让他们知道会担心,他们有自己的家业、事业,都很忙。"在在表达父母体贴孩子的心意。

人生何者最美?"天上最美是星星,地上最美是亲情",佛陀教育我们要孝养父母、敬重师长,对长辈要孝而敬之,对平辈要互相敬爱。倘若能在一个感情融和、长幼有序的家庭中成长,是很有福的人生。

佛教很重视孝道,学佛者必须懂得"因缘果报";

过去生与父母有缘,此世藉父母的缘来到人间,对父母必须孝而顺之,这是为人子女者的本分事。父母如堂上活佛,学佛除了要敬重诸佛之外,还要敬重父母,不只让他们衣食无忧,重要的是"顺"——顺从长辈,尽心地在身旁照顾他们。不仅礼敬供养家中的"堂上活佛",对于社会上的老者,也要视如自己的长辈,和自己年龄相仿的是兄弟姊妹,年少者视如己出,这就是天下一家亲。

常有人问:"慈济为何不办养老院?"每次参观养老院,都百感交集——老人们的子女不能时常随侍在侧,享天伦之乐,让人感到很不忍心。

因此慈济医院设置"轻安居",早上子女上班前,将老者送至轻安居,有护理人员、志工陪伴,是个很舒适的地方;行动不便的帮助他复健,若有长者无法照料自己身体,就帮他沐浴干净;到了晚上子女下班接回家中,还能共享天伦之乐。

老人家走过一生的风霜岁月,为家庭、社会贡献,年老时也应该受到关心与照顾,家人的陪伴更不可或缺,这也是慈济因应时代的理念与做法。

孝顺不只是对长辈,也要照顾好自己的身心;《论语》中孟武伯问孝,孔子回答:"父母唯其疾之忧。"父母最担忧子女的身心有疾病,所以我们无论在家或远行,都必须照顾好自己的身心,能让父母放心就是孝顺。

佛陀说"身为载道器",应该要善用身体为人群付出、利人利己,这就是"行善、行孝不能等",行善与行孝实为一体两面;行善即行孝,孝顺就要致力于行善,并将此功德回向父母。

所以我们要"守礼厚德",并且"身教奉行"——父亲以身作则孝顺祖父,儿子自然孝顺父亲,以孝传家。在个己的修持上要做好事、行菩萨道,这是"显祖德",显扬父母、祖先教育得很好,让父母感到很光荣。倘若自我行为不端,自我伤害或伤害他人,徒增父母担心与烦恼,不仅破坏家庭伦理,也影响社会秩序。

孝顺的上上之道，就是自爱；能自爱的人，就懂得固守人本道德，及时表达孝顺与尊重。知道人生的正确道路，就能充分发挥身体的使用权，并于身后能化无用为大用；诸如器官捐赠抢救他人生命，或是捐赠大体以教育医学生等，如《无量义经》中云："头目髓脑悉施人"的大菩萨心，都是奉献社会人群，留下典范足迹。

所以发心行菩萨道，就是报过去、现在与未来的父母恩，也是佛门大孝的表现。

之二　斋戒／护生

犹记十余年前，连年强台——道格台风与贺伯台风的侵袭，重创台湾；天灾始于人祸，人们大肆开发山区，未能做好水土保持，以致山区土质松动，台风一来就山洪暴发、道路坍方，引发土石流，甚至有走山现象；种种严重灾害，究其原由都是来自人为造作。

近年来，全球灾难频仍，我们是否因此觉醒而懂得敬天爱地？除了天灾之外，各种疫疾的流行，如疯牛病、禽流感等，都曾让全世界恐慌，也是自然界的警讯。

为什么会有这些疾病产生？看看集中养殖场的环境：大量牲禽被圈养在有限的狭小空间内，为了加速成长，还施打生长激素等，这些牲禽进入食物链，自然造成严重的影响。

农作物方面也同样发出警讯，如化学废料污染水土，间接波及农作物，时闻农人辛苦耕作的稻米，收割后检验出含有汞、镉等重金属而无法食用，只能将黄澄澄的稻谷销毁，土地还必须休耕，造成农民的损失。

人类不断地制造污染，致使自然生态失衡，造成动物或植物受到污染，产生病变，病菌在食物链中层层累积到一定的程度，就会爆发疾病。

回顾二〇〇三年全球笼罩在SARS疫情的恐慌中，当时我说要将危机视如转机，古人说"戒慎恐惧"，"戒"是守规矩；"慎"是生活中要谨慎，照顾好自心。

我认为不要恐惧，许多人动辄患得患失、惊慌畏惧，其实害怕也无济于事。

我们应该"戒慎虔诚"，以虔诚的心，静下心来自我反省：做人做事必须端正、累积善业，不可以损及天地或他人。所谓"顺天理者生，逆天理者亡"，不依循伦理道德就是逆天理，一旦天地运转失序，如何生存下去？因此呼吁大家守"斋戒"。

对一般人而言，简单地说"斋"就是素食，"戒"就是戒杀，进一步要守好我们的心，在生活中谨守本分规矩，还要说好话、做好事、发好心。

为什么自SARS之后提倡"心素食仪"？俗云"病从口入"，疾病的根源，常常来自饮食的问题。倘若从小认为杀生以满足口欲，是天经地义，如此延伸成为"弱肉强食"的观念，就会根深柢固。

想想，现代人总有许多不满与欲望；从欲念转成贪，从不如意而生瞋，从追求变为痴，如此"贪、瞋、痴"三毒充塞心中，稍有放纵就易生起恶念，而造作恶行。

"斋戒"必须从素食做起,少食肉自然少杀生,不杀生才是真正爱人、爱天地万物,疼惜地球。

"欲知世上刀兵劫,但听屠门夜半声",众生遭屠杀时的哀嚎怨恨,都是业力的聚集;戒除杀业,不要再累积恶业,天下的灾难方可平息。再进一步要"护生",护生是爱与慈悲心的表现,有这分慈悲心,自然会保护一切生灵,怎会忍心杀害?佛陀教育我们"众生平等",蠢动含灵都有佛性,因此要尊重生命、护生。

世间万物都与天地共生,我们应该感恩天地滋润养护,视天地万物如大家庭,当作自己的家族般爱护;倘若人人都能戒慎虔诚守斋戒、自爱爱人,天下就能祥和平安。

之三　心素食仪

早年社会普遍贫穷,民生物资匮乏,有人问:"信奉佛教,是否一定要素食?"我曾回答:"孟子说:'君子之于禽兽也,见其生,不忍视其死,闻其声,不忍食其肉',端视以什么心态看待饮食。"

佛陀教育我们要救度众生,菩萨不忍众生苦,所以生起同理心与爱心,爱一切众生。随着社会进步,在台湾日常所需丰富无缺,因此容易饮食无度;我们应培养慈悲心,在饮食方面以维持健康为目的,素食可说是清净的"健康食"。

古人云:"民以食为天",不要小觑饮食问题,现今全球有十六亿人口营养过剩,却有八亿人仍身陷饥饿,显示粮食严重不均;倘若能调和过量与不及,既不会有浪费之虞,也不致有那么多苦难人。

若要改善这种现象,必须先改变人人的生活形态。人类为了食用肉类而大量畜牧,因此开发林地、砍伐树木,作为畜养的牧地或种植牧草之用,以致自然生态失衡;畜养过程中,消耗大量粮食、饮水等资源,也造成严重的环境污染。

素食不仅对身体有益,对大地环保也有益,所以我们推动"心素食仪"运动,希望从"心"出发,建立良好的饮食文化；如用餐时要"公筷母匙"，端碗、持筷、进食等规范，同时也培养祥和的用餐礼仪。

此外，养成随身携带环保餐具的习惯，随身三宝——环保杯、碗、筷，出门不离身，尤其在公共场所用餐，使用自己的餐具，多一层保障。这种既卫生又环保的观念，已获很多人的认同与响应，不但保护自己，又能减少制造垃圾、消耗资源。

例如有位原本从事免洗餐具经销工作的陈居士，当时生意正兴旺；当他听到要提倡环保意识，避免使用保丽龙等，也很想转业，经过短暂的挣扎，毅然地将生意结束。

起初他的母亲无法谅解，认为生意做得很好，突然间结束营业而减少收入，加上儿子、媳妇又投入做环保回收，担心被误认为生意失败去拾荒；高龄九十多岁的母亲感到颜面尽失，而不敢出门。

我们的慈诚队员与委员们协助陈居士向母亲说明，还开导她，也带着这位老母亲出来做环保。

有一次我到环保站,这位老人家坐在轮椅上,开心地做环保;她告诉我:"感恩喔,还好有慈济世界,让我年纪这么大,也可以做环保。"

期待每个人从自家做起,进而推广到邻里、社会,让这分善的福业汇聚,世间才会净化。

之四　礼仪人文

提升佛教的形象,是每个佛教徒的责任;无论礼佛、问讯,或是端碗、持筷,举手投足等都是礼仪的表现,也是人文。

"人文"很抽象,简单地说就是真善美的表现,我们应该将人文落实在日常生活中,从衣食住行做起;因此在慈济委员和慈诚队员的培训课程中,从基本的生活行仪开始学习,例如走路也有规矩,有的人走路,人还没到,脚步声先到;这种拖拉的步伐,正反映出勉强而过的心态。

学佛要培养慈悲心,走路时能够时时想着:举足踏地,怕地会痛。脚步能慢举轻放,也表示有一颗爱大地的心。

服装要整齐,因为"诚于中,形于外";外表邋遢的人,会显出内心的不安定。有些年轻人喜欢奇装异服,诸如好好的衣服,故意剪出一个一个的洞,我问:"衣服破了,怎么不补?"

他说:"这是故意的,很流行。"其实这显示完好的人格被自己打破,心已经开始脱轨,很令人担心。

慈济人穿着整齐的制服,我们称为"柔和忍辱衣",不仅表示尊重他人,也代表大家的平等,不会相互比较,心境保持平静,时时柔和善顺,即使互不相识,一看就知道是同志愿的慈济人;这分团体之美,容易让大众所认同。

除了服装整齐之外,不良的习气也不可沾染,例如烟、槟榔会伤身,饮酒会乱心性,都会自损损人。此外,还要有礼貌;礼貌在人的肢体上,最容易表达也容易被感受到,如微笑可表达友善。慈济之美,美在整体,因为有每个人的合齐才会美。

在日常生活中,不要忽视人文,从整理居家环境、与家人的相处、待客礼仪等等,又如茶道、花道、书道等,不但能展现美的形态与涵养,也能陶冶心灵。

每有新发意的慈济人受证时,我都期许——右肩担起如来家业、佛陀精神,左肩挑起慈济形象,胸前挂着自己的气质。我们要有佛教徒的精神,做好慈济志业,让慈济在社会上受到肯定与信任;所以个人的言行必须端正,待人处事要圆融,才能让人信任与尊重,也是结好缘。

因此一切都必须从自己做起,如在环保站常见许多老菩萨,即使已老迈龙钟、白发苍苍,他们的形象都是干净整洁,每天有志一同地付出对大地的爱,真是很美的银发族。

慈济人口说好话、心想好意、身行好事,都是行"善";以真心、正念做好事,是"真",在言行中表达出我们的信仰形态,是"美"。慈济人要仪态优美,形象端正，能时时照顾好自己的气质，合在一起就是真善美的慈济世界。

第三节　核心精神与实践之二/菩萨人间化

慈济从"竹筒岁月"累积无数的爱心，以花莲为起点，逐渐遍及全台，乃至跨越国际而遍及全球。

当初并不知慈济的未来如何，只是秉持着"菩萨人间化"的理念，一路用爱铺路走过来。

俗云："家家观世音，户户弥陀佛"，意思是许多家庭都信佛、念佛，也礼拜菩萨。那时我就想：若能转为"人人观世音，个个弥陀佛"，不是很好吗？只要结合五百人在一起，就有一千只手、一千只眼，可以关照社会暗角，扶助苦难众生，不就如同"千手千眼观世音菩萨"吗？

佛经云："菩萨所缘，缘苦众生"。正因为世间有苦难众生，才需要菩萨。菩萨不是木雕、泥塑或绘画；

真正的菩萨,能生起无私的爱心,为苦难人付出——帮助他人离苦得乐,就是人间的菩萨。

正信的佛教徒,并非只到寺院祈求佛菩萨保佑,而是效法菩萨精神,学做人间菩萨。"菩萨"是梵文"菩提萨埵"的简称,意思是觉有情,就是已经觉悟的众生,负有"上求佛道,下化众生"的使命。从凡夫到成佛,必经菩萨道;我们听闻佛法而觉悟,每个人根机不同,所以要不断地上求佛道,也要下化众生,唯有走入人群,才能体悟真理。

菩萨付出的爱是无私与无所求,因此轻安自在;世间多苦难,只要我们看得到、走得到,能及时展开双手给予苦难人拥抱、肤慰与为其拔苦、给予温暖;我们也会充满法喜,结下善缘与福缘。

虽然世间污浊,但是有许多慈济人时时发挥良能,付出真诚的爱;我们应该要有信心,不仅自修菩萨道,成为他人生命中的贵人,还要运用智慧,广为人间菩萨大招生,世间就有希望。

之一　四摄法、戒定慧

我常说"佛法生活化,菩萨人间化",学佛,就是要行菩萨道;菩萨道行得通,就可到达佛的境界,也是学佛的目标。

我们现在还是凡夫,凡夫是成佛的起点,终点是成佛;从起点到终点,中间这段菩萨道,要身体力行,而非只是口中念。佛陀用智慧引导大家走好路、做好事;如何做菩萨?佛陀说有四种方法可以摄受众生:布施、利行、爱语、同事,这是"四摄法"。

"布施"是舍;人世间无论何种宗教,都少不了无私的爱,表现在行动上就是舍与付出。无论是财施、法施、无畏施,都是在他人有困难或匮乏时,及时付出与帮助,彼此结一分感恩欢喜的好缘。

"利行"即利益众生之行为。诸如慈济人帮助受灾难的人,陪伴他们走过苦难道路,为其设想将来生活的安身之处,直到他们行至最安稳的地方,恢复独立生活的力量。

"爱语"是用温暖的话语与人交谈,也就是"口说好话"。众生示现苦难,这是菩萨修行之所,我们陪伴他们,要感恩对方,愿意让我们陪伴、牵引,走过艰辛的道路。

救人单凭个己的力量并不够,就如有人掉落水中,救人与被救者都很危险;若有一群志同道合的人共同合作,那么力量就很大了;能让人人一起做好事,这叫做"同事"。难得人身,佛法难闻,既然此生能做人又有缘在一起,我们要惜缘共同做好人、做好事。

"布施、利行、爱语、同事"乍闻容易令人误认为很世俗,其实"四摄法"就是做人的方法、学佛必经的道路,也是学佛的基础;所以从人间的苦难中透彻世间的纷扰,以出世间的精神成长慧命。

广度众生是菩萨的使命,是已度者度当度,当度者再度未度;人间菩萨要招生,还有很多众生需要我们去度,度他人之前要先度自己,而且心要定,不因人、事而乱。首先要以身作则,修养好度人的风范,最重要的是守戒，守好戒律就能心安；心安才有定力，定才能启慧；有了智慧，痛苦就能解脱。

所谓"戒"，简言之即"防非止恶"，也是预防造作错误的行为；如果已经做错，必须及时停止。佛弟子不可缺少"戒"，否则容易断慧根，"戒"如同盔甲，是保护慧命最重要的护具；欲念险恶，会招引无明，无明就是黑暗、污染，倘若心被无明遮蔽，则烦恼丛生，慧命就容易损伤。

守戒，不是只有保护自心，也要积极地帮助他人、保护他人的心。发现他人做错事，要以爱心与耐心劝导，不要一错再错。当他人心生惭愧，知道错误时，要适时协助改过。

人与人之间大部分的纷争，多源于彼此认为错的是对方，以致相争不下。因此对自己要"把心顾好"，对别人要"常认错"；人人认错就没错，这也是在团体中能否和谐稳定的关键。

曾有人问我："慈济团体人员众多，如何管理？"我都说："以戒为制度，以爱为管理"；"戒"就是最好的制度，人人心中有戒，都能守好"慈济十戒"，按部就班守好自己的岗位、尽本分，彼此关怀能自爱，就能循规蹈矩，慈济精神自然绽露，表现出团体最佳的形态。

为人最怕的是不懂得自爱，往往会因一时怠惰、迷惘而犯错；所以"人生最大的惩罚，是后悔"，做错事才后悔，就是烦恼。心中有"戒"，就能及时阻止造作恶业，心有定见，就不会有烦恼，智慧自然增长。

"定"是"心地无乱"；修"定"则心不起疑惑，没有杂思乱想，意志就会很坚定。修持"定"需实际磨练，否则境界现前，心思就容易动摇。走入慈济世界已确立志向，对社会必须有公信力，倘若无法取信于大众，如何推动志业工作？所以必须自我磨练定力，不轻易受外境动摇。

"慧"即是"心地无痴"；智慧是从"定"而来；有"慧"能分辨人我是非、物相事相，不会受境界迷惑，自然没有痴念；突破痴念，拨开无明，智慧自然显现。戒、定、慧三学，人人心地本具，而无需向外追寻。

古云："差之毫厘，失之千里"，学佛最重要的是要顾好这念心；如何真正的利益人群？如何做到佛陀所教导的"无缘大慈，同体大悲"？都必须运用智慧；只要能定下心，智慧开启，还有什么道理想不通？

之二　守心、守志、守德、守戒

慈济四十余年，从无到有，从少数人到普遍全球，不离每位慈济人的"守心、守志、守德、守戒"护持慈济。

无论进入慈济多久的岁月，大家都以真诚的心，有志一同爱护慈济，这就是"以佛心为己心"，坚信自心与佛心并无二致。我们学习佛陀的大慈悲心，以慈眼看待天下苦难苍生，付出良能。

犹记当年兴建精舍时，建筑师傅告诉我："师父，依照风水来看，今年不利这个方向，房子要往另一方向盖。"

我说："每个方向都吉祥。精舍要坐山朝路，这座山就像椅背一样地稳，前临大马路，人来人往很热闹；坐得舒服，看得热闹，不是很好吗？"

他又问："动工要不要选时日？"

我说:"日日是好日。"

又如花莲慈院建设期间,有位建筑师告诉我:"师父,有人为我算命,告诉我三个月内,不能往东走,所以我要请假。"

我问他:"你家的房间、厨房在哪边?"

他说:"房间在南边,厨房在东边。"

我说:"你走到厨房就是往东行,怎么办?"

他说:"家里算吗?"

我又问他:"你公司的方位在哪里?"

他想一想说:"在我家的东边。"

我说:"那么是否表示不能去公司? 其实方向是相对的,对台北而言,台中在南边;对台南而言,台中就在北边。既然生在宇宙间,方位没有定点,就不要多想,心正气盛则邪不侵。"

大家要用正念、正知破除迷信。对于未来,只要内心无私,所作所为一定是正法;守持正法,自然不会有担忧与惶恐。

守志,就是"以师志为己志",发心立愿行在菩萨道上,既然已经选择正确目标,无论遭遇什么挫折,都要坚持到底,这就是守志。看到世界气候异常,人群意志浮动,都是很令人担心的事,大家志为慈济人,应提高警觉,以敬慎的心对待天地万物,为社会祥和而努力。

守德方面,很多人平日懂得大爱与宽谅的道理,也能劝解他人善解、包容,一旦自己面临境界,就表现不出那分自在,所以我们需要修行。有人觉得,学佛修行是为了积功德,其实所谓功德——内能自谦就是功,外能礼让就是德;必须从内心好好地用功,下功夫缩小自己,人与人之间的互动,应该有着柔和声色与态度,如此表现于外,就有德相。

此外,也要守戒。戒,就是规矩;并非出家人才需守戒律,无论是在家居士,或是有心投入菩萨道的人,都离不开做人的轨则与规范。慈济人有"慈济十戒",大家都是生命与慧命的共同体,牵一发而动全身,所以要守戒自爱。

慈济人守心、守志、守德、守戒,蓄积爱的力量守护社会；现今社会最需要的就是"爱"的清流，以好心、好话、好事利益人群，生活才能安定。

之三　见苦知福、入群拔苦

慈济法门必须发心行菩萨道，走入人群肤慰苦难众生、拔苦予乐。从"悲门"开启"慧门"，知苦才能了解人生真理——人从何而来？来人间做什么？将来要去何方？才会用心入门会道。

佛陀阐明"苦集灭道"是人生真理，唯有进入苦难境界，体会人间疾苦，道理才能深植入心，所以要"见苦知福"。

我们随着全球慈济人的脚步，无论是世界各地贫病的长期照护、急难救助，还是重大灾难发生时的国际赈灾，都是走入苦谛见"苦"。见苦才能知道为何有苦、有福，是聚"集"种种因缘所致。看见苦难苍生，会生起悲悯心；因为爱与不忍心，而伸手帮助苦难人，无私地付出做到入群拔苦，这就是"灭"苦。有能力的人以物资帮助受助人，受助人因此离苦得乐，助人者也得到法喜充满，这就是"道"。

所以慈济法门先要人人知苦，然后让大家共同造福。例如有一则从印尼大爱台传回来的讯息，一所老旧学校地处偏远，旁临一条大河，河对岸的学生们每天要游泳渡河，上岸后再脱下湿衣服，换穿制服上学。他们辛苦地到了学校，不曾稍息片刻，立即整理教室环境，维护学习空间的整洁。

记者问学生："为何要每天那么辛苦地过河读书？"

学生们回答："只有读书，才能脱离贫穷。"即使上学之路不易、河川阻隔，仍阻挡不了他们的求知欲。

后来印尼的慈济人看了很不忍心，于是积极募款为他们造一座吊桥，让学生们此后能有一条平安的求学之路。

又如地形险峻偏僻的甘肃、贵州，求学之路也很遥远崎岖；有些学生甚至需徒步近二十公里，天未亮就出门，忍饥受饿地走到学校读书。由于生活物资匮乏，大爱台的记者前往采访时,眼见小学生们拿着不到一公分的铅笔笔芯写字,深感不舍;他们回台湾后,即发起"一公分铅笔"的活动,呼吁学童捐出多余的铅笔与笔盒,并且写下祝福与鼓励的话,帮助和自己同龄的孩子们。

这项活动获得热烈的响应,收到上万份铅笔与笔盒。大众传播媒体能将这样的讯息传送出去,让大家看到普天下的苦难——见苦知福,能知福的人就会惜福、再造福。

人若不能体会人间疾苦,如何发现自己的幸福?若没有机会关怀别人,怎会自我开怀?娑婆世界,苦乐参半,有苦难众生,才需要救人的菩萨。所以我们要发愿:在人间救度苦难,让人人反躬自省,方不致在平安中很快地忘却道理或迷失方向;倘若大家在生活中戒慎虔诚、防非止恶、时时行善,就能净化人间。

之四　知福、惜福、再造福

人生,能"见苦知福",就需自我惕厉——有健康的身体，及时发挥良能，做对人群有益的事，积极造福才是有福之人。

何谓"造福"？福，并非祈求得来，而是要自己去做。心中有爱，实际付出帮助需要的人离苦得乐，就是造福人群；例如慈济志工用爱关怀独居长者，为其沐浴理发、打扫生活环境；卧病在床者，视其所需施医施药，重要的是时时给予关怀，让他们心灵获得肤慰，减缓身体上的病痛；身体硬朗的老者，就带动他们走入人群，或是发挥良能、做环保爱大地，抑或是做志工，分享他们的生活智慧。

慈济人将快乐带到每个角落，让众生远离苦难，这就是"以慈造福"、"以悲拔苦"。慈悲的气质，是从内心油然而生，发挥于身体力行，同时不断地将福的种子撒播出去。

我们应以诚恳的心美化人生，付出爱心之后，将感受与大家分享，让更多人知道"感动不如行动"，启发许多人的爱心，一起为社会付出，让社会充满爱与祥和。

所以慈济人口说好话、心想好意、身行好事，无不是造福，福业不断地精进，是自我祝福；我们不仅时时自我祝福，也要祝福他人。

倘若时时与人计较，即使得到很多，也会欲求不满，内心难以平静；我们应该去除内心的贪念追求，开启心灵之光，抱着感恩心为人群付出；能视他人的幸福如同自己的幸福，这是真正的大福。

之五　人间菩萨招生

世间善恶拔河，众生可以共"善业"，也可以共"恶业"；社会若缺乏好人，善的力量就会微弱，恶的业力会导致社会不安与紊乱。为善不能缺少任何人的力量，世间多一个明辨是非的人，就少一个迷茫的人，让社会多一分祥和。

目前全世界超过六十四亿人口，台湾有二千三百多万人，其中投入行善的人数仍不成比例。尤其全球环境问题日益严重，气候变异衍生灾难频仍、人心动荡，倘若有人行为偏差，就可能危害众生，也会让不正确的观念渗透人心；因此必须赶紧开辟清流，涤净人心以冲淡世间浊流。

俗云："一善破千灾"、"积善之家必有余庆"，启发愈多人的爱心，力量就愈大。切莫轻视一念善心，我常说："合抱之树藏于毫芒"，一粒毫芒种子，藏有无量的功德林；只要大家发心，把握真诚的爱，付诸行动，人人皆是种子，处处都是福地，可以引度许多人，做好人间菩萨大招生。

慈济是人间菩萨的道场，我们要有觉悟的爱，肩负起人间菩萨招生的使命，接引他人一同做好事，凝聚善的力量。人世间难免有是非、计较，我们要怀着知足、感恩、善解、包容，用心接引周遭未发意的菩萨，让大家都能发菩提心。

我们都希望娑婆世界能化为净土，所以大家都有责任，先从自我做起，再带动家庭向善，集合许多好家庭就成了好邻里,进而合为好社会。

之六　推动"克己复礼,民德归厚"运动

回想早期慈济人如何做慈济?出门都会随身携带《慈济月刊》,逢人就介绍:"花莲有个慈济功德会"、"我们的师父要盖医院"、"慈济要做什么"……心心念念、口口声声都是"慈济",日复一日,坚定的道心不变。

慈济四十余年过去了,期待大家能回归这种积极向善的精神,如何回归这分精神?一切都必须先从自己做起。目前最大的问题,就是温室效应导致气候异常、灾难频仍,多少苍生遭受苦难,倘若不能因此觉悟,反而放纵欲望并过度消费自然资源,最后受害的还是自己。

我们与大地共生息,有责任疼惜天地万物,所以积极推动"克己复礼,民德归厚"的运动。

慈济的人文,希望对人要有礼仪,个己的人品典

范,能受他人肯定,这就是"克己复礼";简单四个字,道理却很精深。所谓"克己"就是从自己做起,调整身心,克服享受、玩乐的欲念,在生活中克勤克俭,就不会过度浪费资源。

如环保站的志工们不仅投入资源回收的工作,也藉由让社区民众亲身投入做环保的机会,善加宣扬许多环保常识,以及如何节省能源的耗用。许多学生参观过环保站,或是亲身投入做环保后,都会懂得要惜物、节省;有人会克制喝饮料的欲念,减少制造垃圾,力行简约的生活。

此外,还要"复礼"。"礼"就是"理",外显礼节即能表达内涵道理。古云:"有礼则安,无礼则危。"每个人仪容端正、举止规矩,日常生活中待人接物能以礼相待,如此人与人之间就会互相尊重与敬爱。

"民德归厚"即是发挥人与人之间那分真诚相待的爱。若能从个己做起,而后影响家庭,视年长者为长辈,年纪相仿则如兄弟姊妹,年幼者为晚辈,大家培养敦亲睦邻,不分亲疏,只要有人需要关怀照顾,就把握机会付出爱心。因此,带动起社会"克己复礼,民德归厚"风气,是我们的责任与使命。

第四章　小结：人品典范，
　　　　　文史流芳

学佛，何处求法？走入慈济很有福，我们落实"佛法生活化，菩萨人间化"，不仅有法可听，而且在人间菩萨道上精进，投入人群力行，与世间法紧密结合。

所以"法"就在日常生活中，也在我们身上，若能用心体会，处处都是人生教育的课程。

面对不同生长环境的人，各种生命经历与心境，无论富贵贫贱，各自所写的人生剧本，都是一部经藏；慈济人在点滴付出爱心的过程中，都是值得记载的好人好事，也是感人的历史，并且足以教化他人，丰厚生命的意义与价值。

慈济人的足迹已经踏上国际，全球慈济人秉持

"闻声救苦"的菩萨心,哪里有苦难,只要手伸得到、脚走得到,无不身体力行深入其境,在人与人之间互助、互爱;这番"见苦知福"的历程,都含藏着体会真理的妙法。

慈济人秉持着佛心师志,内修诚正信实,外行慈悲喜舍,不但要发挥善的影响力,还要提升自我人格、成长慧命,做到"人品典范,文史流芳";这种以大慈悲心看待一切众生,思惟世间的道理,并且身体力行造福人群,而后转化为增长智慧的事理,就是"无量法门,悉现在前"。

第三部　立宗门弘正道

第一章　四法四门四合一

第一节　"四法四门四合一"释义

做人间事要用人间法,大家都知道我们的生命有限,慧命是永恒的,所以必须立宗门,让人人有法可循,因此有"四法四门"——合心、和气、互爱、协力队组,大家在行动时,能了解与运用正确的方法;"四合一"是凝聚众人的力量,做慈济事与传承静思法脉。

合心是"总持门",也就是总一切法,持一切善。我们接受佛陀的教育,佛陀应众生根机,开八万四千法门。"总一切法"简单地说就是"诸恶莫作、众善奉行",在人间要知因缘果报,明是非善恶。慈济人要有毅力勇气,坚持一切善法,承担起传承的使命。

资深委员进入慈济的时间较久,深入慈济的理念,了解历史的足迹,可以清楚地将慈济精神传承给新进的法亲,"合心"队组要多陪伴见证,带动更多人深入力行。

和气是"和合门",也就是和圣贤心,合菩萨道。圣就是佛,贤就是菩萨,和圣贤心即"以佛心为己心",合菩萨道就是"以师志为己志"。从凡夫到佛、圣人的境界,"和气"队组要作拱桥——上求下化,传承合心的精神,布达讯息给大家,互相勉励,成就人人的道心,接引大众走上菩萨道。在团体中,和气很重要,无论讲话、做事等都要合情合理,彼此相处和谐,团体就会很美。

互爱是"观怀门",也就是内观自在心,怀抱众生苦。"观"是观察自心及外界的苦难,时常自省观照己心,保持开阔自在而无烦恼,才能心包太虚,照顾他人的心,乃至肤慰苦难苍生。人人能互爱,道路就会宽广畅通；所以"互爱"队组是走进菩萨道的通路。"和气"布达，"互爱"规划，彼此相伴，积极投入人间菩萨的行列去付出，还能"感恩、尊重、爱"。

协力是"力行门"，也就是力持诸善法，行遍人间道。力行门坚持以善法行遍人间；现今全球慈济人遍及各地，都是一家亲，活动由"互爱"规划、"和气"布达之后，"协力"就要动员、执行。

"协"字有三个力，代表众人要群策群力一起执行。"协力"队组是接引人间菩萨的第一道门，从见习开始，了解慈济精神与历史，并且懂得慈济人文与做事的方法等规矩；因此"合心"必须将静思法脉、慈济宗门传承到"协力"。

合心、和气、互爱、协力为"四法四门"；"合心"是总一切法，持一切善，"协力"是力持诸善法，内涵都是相通的，所以"合心"就是"协力"，彼此陪伴、相互支援，合心、协力才有力，中间是和气、互爱，要"四合一"，环环相扣才能凝聚力量。

慈济法髓人人适用,"四法四门四合一"必须身体力行、深入体会,这条菩萨道就会走得很欢喜。

第二节　大树喻/立体琉璃同心圆

慈济人志为人间菩萨,走入人群为道场,从见苦知福体会人间苦难与温暖。倘若有人问我们是什么宗,我们可以回答:"慈济宗",因为这是我们的法门。

在慈济宗门,"合心、和气、互爱、协力"各队组,都须勇于承担志业。每位慈济人有如大树,要能为大地保持水土、维护空气清新;慈济法门人间菩萨招生,众树成林,这片菩提林则让众生的道根深植绵延,将佛法源远流长地传承下去。

"合心"的使命是传承,就如树根必须深入土壤,不断地吸收水分与养分,才能成长茁壮为大树;所以大家要用心地吸收法脉源头与传承慈济精神,以法髓滋养心地，培养菩提觉性。树根植得愈深，树就会愈稳，根若蔓延得愈长，树就会愈茂盛；我们要一心一志，彼此合心扎稳树根，不但要伸得广，还要植得深。

"和气"队组必须承担起沟通的功能，因为无论树根多么深广，都集中于树干，树干主要功能在于传输树根吸收的养分到树丫，树干必须健康强壮，树才会稳健有力，树丫自然能获取充分滋养而长得茂盛。"合心"是内在的精神，表达于外就是和气；倘若我们的团体流露出和气，自然会吸引他人走进来，发挥善的力量。

"互爱"如树丫，汲取树干传输的养分以蔓生，并承载嫩枝与树叶；树丫的生长非常重要，攸关整棵树的树形。希望树形美、树荫广，树丫就必须伸得长，才能让树叶茂盛。大家若能互爱，彼此关心，是最有价值的力量，也是人间之美。

"协力"如绿叶，能进行光合作用吐新纳垢，倘若长得旺盛，还能形成树荫让人乘凉、遮日蔽雨。每一片树叶,就如"协力"队组每一位成员,"协力门"是进入慈济的第一道门,任何见习、培训或对慈济不了解的人,都必须由此入门。凡夫心总会有无明,再加上每个人有不同的背景、习气,大家要有度量包容,如大树的翠叶,吸入二氧化碳,吐出清新的氧气。

四法四门必须四合一,"合心"队组不要以为已更上一层楼,其实要更深入,向上传承精神,不要认为"协力"队组是属于最基层的第一线;其实犹如一棵树,树叶顶天而树根立地,树干与树丫在中间。树根从地下吸取土壤养分,向上传输;同样的,树叶吸收阳光空气,也制造养分往下输送,所以树根与树叶的功能相同。换言之,合心就是协力,和气、互爱在中间传送,每个部分都重要。

回顾四十余年前,慈济由一滴晶莹透澈的清水做起,这是人人本具的清净心念,无私无染;我们点滴累积这分清水之爱,从花莲开始,由点而线、由线而面,普遍全台湾,扩展至全球,现在回归源头的净澈再出发,是由面而"立体";清水能够洗涤心念的垢秽,结合每个人清澈的心,就成为"琉璃"。

慈济的法脉即静思法脉,全球慈济人从外而内,不论服装、行仪与精神都是一致——立体琉璃同心圆,菩提林立同根生,队组合心耕福田,慧根深植菩萨道。

在日常生活中用法规范行仪,以知足、感恩、善解、包容的胸怀,在人群中欢喜付出真诚的爱;人人照顾好自心,保护一念清净的精髓,不受污染。我们都是法亲,同心同志愿走在菩萨道上,没有前后之分,携手凝聚成一个立体无瑕的"立体琉璃同心圆"。

"菩提林立同根生","菩提"就是觉悟,不论在哪里,全球慈济人勤播菩提种子,期待处处菩提成林,然而在不同的环境中,要知道我们都是同一条静思法脉。

从早年开始,我们就以静思精舍为修行道场,定下静思的修行者必须自力更生,慈济人也要"取诸当地,用诸当地",付出无所求;以修心无贪、行端正,内外净澈,才能走入人群,不受污染。

"队组合心耕福田","慈诚队"、"委员组"要合心耕耘。一个人的力量有限,必须结合众人之力一同付出;现在慈济队伍浩荡长,要感恩有他、有你和我的力量相凝聚。大家有缘同在慈济宗门,应该要互相感恩、尊重,以真诚的爱,勤耕人间大福田。

"慧根深植菩萨道",难得人身,难闻佛法,因缘殊胜让我们在这个时代,听闻静思法脉,共同发心投入慈济宗门,应该要珍惜;佛陀教育我们行菩萨道,智慧要生生世世深植在菩萨道。

行菩萨道,必须用心地接受佛陀清净透彻的法髓,消除凡夫的私利与私爱,用清流涤净污染,净化心灵,如晶亮无瑕的琉璃;精进地吸收法髓,让自己这颗种子长成大树,有足够的树影庇荫众人,让人人有机会涤净己心,心净则土净。

第二章　慈济年轮

第一节　第一个慈济年轮

每年有春、夏、秋、冬四季轮替；慈济有四大志业，每十年为一轮成就一项志业，所以可将四大志业称为我们的宗门年轮。如今已跨越四十年，志业已趋完备，象征一个年轮的圆满，同时也是慈济第二个年轮的起步。

一九六六年成立慈济功德会，为了当时台湾穷苦人的生活，而开启慈善之门——

第一个十年，慈善志业勤播爱的种子，从花莲逐步开展至全台。

一九七九年，透过慈善工作长期观察分析，发现

"因病而贫"的根源，决定筹建医院。既立志，无论遭遇多少挫折坎坷，都是步步踏实向前走；一九八六年，花莲慈院落成启用时，正是慈济成立二十年，在第二个十年成就医疗志业。

第三个十年，在于推动教育志业。自花莲慈院落成后，深感护理人力短缺，体会到硬体设备再好，若缺少软体——医护人员的爱，就无法发挥抢救与尊重生命的良能；再者东部地区缺乏就业机会，隐藏许多少女问题，因而兴起建设护理学校的构想，藉以栽培东部少女从事护理工作。

有富于爱心的护士，也需有秉持人本精神的良医，于是接着筹建医学院。而后陆续完成幼教到博士班，期许教之以礼，育之以德，培育社会人才，才是未来的希望。

第四个十年是人文志业，逐步从平面的期刊、有声的广播，到创建立体、即时的大爱电视台，我们的媒体使命在于传播美善，记录人品典范而文史流芳。

所谓"人能弘道,非道弘人",我们借重现代科技,将佛法与道德礼仪弘扬到世界各地。慈济的四大志业,虽是依序逐步开展,但并非一项做完再做一项,而是重叠并行。尽管世事繁杂,我们仍努力不懈,完成志业目标——慈善国际化,医疗普遍化,教育完全化,人文深度化。

"经者,道也;道者,路也",道理在我们足下,大家要爱惜这分因缘,这是我们携手走过来的路。

面对慈济第二个年轮的开端,我们要放眼未来——国际上仍有许多苦难人,必须用种种方式加以接引,更需要众人的力量才能完成,还要人间菩萨大招生。慈济四大志业八大脚印就是我们在人间所做的努力,也是引导大众同行的康庄大道。

第二节　第二个慈济年轮

佛法云"转法轮",慈济新年轮成为"同心圆",全球慈济人心连心运转"心法轮",浩荡长的队伍以开阔的心胸,携手拥抱天下苍生,不分宗教、种族,人与人之间,都能有感恩、尊重、爱以及道德人伦的观念,让这分真诚的爱跨越国界。

慈济第一个年轮是从台湾的慈善做起,现在进入第二个年轮,放眼天下苦难的人仍然很多,慈善要与国际赈灾结合,医疗要加强推动骨髓移植的发展,教育则要结合社区志工,落实社区的社会推广教育,海内外共同推广人文道德伦理;人文则与环保理念结合,推广做环保、爱地球。

回顾四十余年前,一念救人的心,在花莲带动起"竹筒岁月",邀集三十位家庭主妇,日存五毛钱,三十支竹筒点滴累积大家的力量行善,帮助受灾难的人脱贫、脱困。

这些家庭主妇们有志一同,不仅每日出门前存下五毛钱,上市场买菜时,也会告诉菜贩:"少买几根菜,省一两毛钱。"

菜贩们都很纳闷，她们就藉此机会告诉他们："师父说，每个人日存五毛钱，并不会影响生活，可是大家汇聚起来就可以做救济工作。"

菜贩一听就纷纷响应："我也可以捐五毛钱。"菜贩再告诉前来买菜的人，大家口耳相传，就形成"日行一善，五角竹筒钱救济金"的行动。

当时有人问："师父，一个月捐十五元也是一样，为何要每天存五毛钱？"

我说："培养爱心很重要，每天发一善念，投入五毛钱，这是福。"

金钱虽少，却是一滴清净无染的法髓，带动他人涌出爱心，汇成涓涓细流的清泉；藉由存钱的动作启发爱心，这就是亲自实做的福德因缘。虽然四十余年来人事不断地变迁，然而初发心不变、道心坚固，我们要饮水思源，莫忘过去的心宽念纯，因此推动"回归竹筒岁月"，期待人人回归克己、克勤、克俭、克难的源头。

倘若每一位慈济人能树立起人文典范,流露的气质人见人欢喜,人人受到感动便乐于投入志工,期待大家"四大合一,八步平稳"齐步迈向全球。

第三章　小结：开启世界慈善之门，迈向大爱地球村

我们的法门是佛在心中，法在行中，禅在生活中，道场在人群中；静思法脉就是克己、克勤、克俭、克难，慈济宗门在于复礼。

慈济宗门已立，我们除了身体力行之外，也需用心体会"静思法脉喜相逢"。过去我们累世结下的缘，才能相逢于此时此地，无论是直接或间接，或是任何因缘听闻慈济，能吸引注意而且打从内心欢喜，慢慢地接近、投入，可见过去大家都是同心、同志愿的人。大家要时时"静思"，心若能静，思路清楚，人生的方向与宗旨就不会偏差。

"慈济宗门是法亲",有缘同进慈济宗门,共同接受我说法、做我想做的事,朝同一个方向付出,这就是法亲。法亲不比血亲疏远,因为血亲是依着过去因缘相聚,不一定都是好缘;而法亲是同一法脉,大家同心、同道、同志愿,所作所为都是共同的志业,所以我们要准确、欢喜地相传法脉,也要感恩、珍惜这分法缘。

"法髓滋润长慧命",慧命如生命,人体要健康就要有健康的骨髓,发挥良好的造血功能;同理,慧命要成长,需要有清净的法髓滋润。慈济法亲彼此都会分享经验,如何深入社区、了解问题、解决问题,透过交流与滋润,就能成长慧命。

"生生世世菩萨心",慧命成长就要发大心、立大愿,如何做人间菩萨?除了《法华经》引导我们做菩萨之外,《无量义经》也有描述"静寂清澄"的菩萨境界,证明人人都具有与如来相同的清净本性;我们发心立愿并不是只为此生此世,而是要生生世世有"志玄虚漠,守之不动"的菩萨心。

所以此生要保护自己这分清净的道心,能以"佛心师志"——佛心是大慈悲心,师志是行在菩萨道上;也就是真正踏实地付出大爱,呵护众生,进而启发众生的道心,这都必须"一心一志护众生"。

"如同身受感恩心",有感恩心的人,才有真诚的爱;要感恩自己心志坚定没有偏差,能身体力行地付出。此外,也要感恩周遭的人,因为一个人能做的事有限,有他、有你、有我不惜劳苦地付出,为了拯救天下苍生,出钱、出力、出时间;还要感恩众生,帮助他人时,应有如同身受的同理心,所谓"见苦知福",若没有苦难、迷茫的众生示现,人生也不容易启发爱心,让慧命成长。

时常有人关心慈济传承的问题,生死是自然法则,每个人都会有最后一刻的到来,我们要有无常观。我在的时候,慈济人难免有点依赖,反而是我不在时,大家会认为:师父开辟这条路很辛苦,我们要继续走下去。其实只要认清方向,将慈济的精神理念落实生活中,并且凝聚力量,同样能发挥净化人心的功能。

　　我常说:"台湾无以为宝,以善、以爱为宝";慈济已遍及全球,走入国际,大家要"合心、和气、互爱、协力"勤做好事,全球慈济人都要成为耕耘福田的农夫,继续人间菩萨大招生,让大爱包容地球村。

【行证篇】

慈济人将佛法落实于生活中，
即使非以探讨或钻研佛学为擅长，
却能在行善的过程中，
体悟道理、开启智慧，
进而融会与行证妙法。

第一部　启悲心入慧门

——从慈善到国际化

之一　改良心灵土地

现今众生心杂乱,要安抚他人的心,必须先安好自己的心,同时勤耘心田,时时以法水滋润,还要"布善种子,遍功德田",将善的种子撒向普天下。

澳洲有个贫穷的社区,由于居民长年受到歧视与不公的对待,积怨颇深而不守规范,一般人也不敢走进该社区给予协助,在恶性循环之下,居民愈陷贫困、憎怨;许多人都沉于吸毒、酗酒,幼童在贫困中忍受饥饿,很令人不舍。

当地的慈济人很勇敢,用耐心与真诚的爱,每天到面包店收集当日卖剩的面包,趁着新鲜送到社区,也给予衣物、日常必需品,还关心孩子们的就学问题。

当地居民从开始的排斥、对立,到逐渐接受而信赖、肯定;现在只要看到贴着慈济 LOGO 的车,穿着"蓝天白云"制服的慈济人,社区居民都很感恩、欢喜。

慈济人持续地用爱肤慰与陪伴,引导他们建立生活目标,要打拼、自立、努力,已经有很多人开始戒毒。即使肤色、文化、语言不同,那分爱都是一样的。

其中有一则个案:一个家庭的父亲因吸毒与暴力倾向,遭逮捕入狱,母亲独力带着幼子过得很消沉,住家环境脏乱不堪。慈济人走进这个家庭关怀,问母亲:"怎么不打扫?"

她回答:"因为很脏,所以不想清扫。"

于是慈济人卷起袖子,准备打扫的工具,为她清扫家里;将该丢弃的东西送至回收场,欠缺的东西则为她补足。原本脏乱的景象,经过清洗后也亮丽起来。

他们还缺洗衣机,每件衣服都很肮脏。问孩子:"为何不去上学?"

他说:"我的衣服太脏了,不敢去学校。"

我们的志工就用爱弥补,募得一部旧的洗衣机送去,让他们能好好地洗衣服。

清扫后的环境干净清爽,慈济人以行动作教育,藉此让他们知道,只要愿意清扫,也能有清净的居住环境;之后母亲就会主动打扫,十岁的大女儿也会帮忙整理,连原本袖手旁观的舅舅,看这群慈济人为她们清扫,也投入去做,还说:"将来,我要和你们一样当志工。"

这就是爱,能带动一切。现在的社会,如同这个家庭一样,长年累月积污纳垢,致使环境脏乱,结果是否因为太脏,就不想清理了?所以在人事中,可以体会很多道理;我常说,希望人人都能好好地耕耘自己的心地,培养爱的种子,为天下苦难的地方付出。

大家一定要合力,汇聚众人的悲心,就是无量大悲,不但能救度众生,使其永远获得安乐,这也是佛陀在《无量义经》中,开启的教育,正如澳洲的慈济人用那分真诚的爱启发人心,让人人"常住快乐,微妙真实"。

如此慢慢地滋润众生的心田,启发众人的爱,善的种子落地,生根发芽,为众生去除苦难,自立后能再去助人,就能从中获致那分清凉与法喜。

行经妙道

《无量义经》:"无上大乘,润渍众生,诸有善根。布善种子,遍功德田。"

之二　阿公的不请之师

大家一念善心动起来，即使是生活在脏乱环境中，也能在瞬间变成天堂或净土；改变生活的品质，都在于一念心。

彰化县有位独居的老先生，平日骑着脚踏车找朋友做运动或与邻居聊天。虽然身体健康，但是不懂得做家事，长年累月积满一屋子的垃圾，屋外也是杂草丛生。

慈济人关怀独居老人时，看见他居家杂乱的环境，就主动走进他的生活圈，做不请之师——不用他人的邀请。慈济人询问他："阿公，是不是让我们来为您打扫？"

阿公说："不用，我已经习惯了。"刚接触时，他并不愿意麻烦别人。

慈济人不忍心,一而再,再而三地关怀与陪伴,常常说好话亲近他;经过数月阿公终于答应:"好啦,若要打扫,外面院子让你们扫。"

彰化地区的慈济人赶紧动员社区志工,一起帮他打扫;由于屋外的环境数十年来未曾整理,杂草蔓生,堆积的竹子都已腐烂,志工们一一清理后,再问阿公:"是不是请您打开门,让我们进屋打扫?"

阿公赶紧锁上门,不肯让人进去。慈诚队员说尽好话想说服他,阿公说:"不用,我这样生活就很好了。"

然而从窗户看进去,屋内一片凌乱,让慈济人惦记在心。因此锲而不舍地接近他,又经过数月,老先生的心门终于打开,让慈济人进屋打扫;志工们先将所有垃圾清扫出来,再刷洗地板、墙壁,又为他增添新家具,使整个环境焕然一新,真的像一个家了。这段时间,阿公感受到慈济人真诚的爱,而建立了信心,并发自内心感恩。

他告诉慈济人："感恩你们布施那么多时间为我打扫，让我有一个干净的家。"

慈济人则感恩阿公肯开门，很有智慧地回答："阿公，是我们要感恩您，布施空间让我们修行。"

慈济人以无私、清净的大爱付出，不但布施时间、力量，还包括耐心陪伴与等待，若非亲身实践，如何说出这番深具哲理的话；真正是福慧双修。

一般人可能会想：帮你打扫就很好了，你还拒绝，算了，那是你自己的事。唯有菩萨，才有办法调伏刚强的众生；慈济人花费很长的时间，不仅改善他的生活环境，还要启发心中那分爱，让他生活得更有意义。

知道阿公会骑脚踏车，就以智慧慢慢地引导他，并且提出邀请："阿公，我们在田尾有一个环保回收站，请您一起来参观。"

阿公在环保站看到志工们做资源回收，就说："这我也会做！"于是他也要回馈时间，投入做环保。

有一天,他说:"常听师兄、师姊提到做环保也能助人,真好!"

志工就告诉阿公:"若加入会员,每月一百元,也可以帮助很多人。"

"一百元就可以助人,这我做得到。"阿公很慷慨地捐出一百元。

隔月慈济人尚未开口,阿公就说:"一个月到了。"说着立即拿出三百元,慈济人赶紧推辞:"阿公,一百元就好了。"

他说:"不行,一百元太少。"

"这样会影响您的生活。"

"不会啦,平时省一点就好。"

这样的互动真温馨!虽然阿公端赖政府发的敬老金维生,但是生活节俭一点,每月也可以捐出一百元到三百元;让他很开心地感觉到:我也能做个帮助人的人,变成"贫中之富",这就是行在菩萨道。

人间菩萨要做"不请之师",而且是"大良福田",

不仅帮助他改变生活环境,提升生活品质,也引导他了解生命的价值观,进而发挥自我生命的光芒。

人生短暂数十年,我们已经帮他开辟心灵的福田,让他自己播下善的种子,将这分好缘带到未来的人生,也增长了慧命。

行经妙道

《无量义经》:"是诸众生真善知识,是诸众生大良福田,是诸众生不请之师。"

之三 成就慧命的学校

二〇〇三年伊朗发生强烈地震,当时正逢慈济岁末祝福期间,看到新闻报导时很震惊。由于伊朗尚未有慈济人,所以请宗教处的同仁们密切注意相关讯息,并了解伊朗是否需要协助等事宜。

之后灾情不断地传出,持续了解情况,知道伊朗巴姆城不但是一个千年古城,也是观光胜地,因这场地震几乎夷为平地。当日晚间新闻画面上,看到古城倒塌,往生者达数万人,令人非常心疼。

灾后不到卅六小时,首梯慈济勘灾义诊团即成军。即使当时已十二月,当地日夜温差甚大,令人担忧众多的死伤者,是否会引发疾病传染。感恩慈济医疗团队,在接续的数梯次赈灾团都有医护同仁参与,包括花莲慈院几位副院长,心脏科、感染科、外科、骨科,以及急诊部等医师、护理人员。

由于慈济人是首次踏上伊朗这块土地,考虑到语言差异,以及当地属于伊斯兰教国家,因此土耳其的胡光中居士,以及约旦的陈秋华居士都同时前往伊朗会合同行。

他们先抵达首都德黑兰后,还需转机前往巴姆城。在德黑兰国际机场,他们一下飞机,就遇见从灾区运送出来的重伤者,医疗人员立刻投入急救工作;尚未抵达灾区,就感受到灾情的惨重。

勘灾人员在当地与我们电话联系,我告诉他们:"你们从首都开始,租部车当作医疗巡回车,便于从事医疗急救。"他们就在当地租了一部游览车,如同活动医院般协助救援伤患。

除了抢救生命、医治伤患之外,同时也安贫、安心;勘灾义诊团走入重灾区实地勘灾,并筹划发放事宜。台湾农委会提供米粮,由慈济负责运送发放,在谨慎的访查规划下,突破种种困难,于三月中亲自交到灾民手中;慈济人以最虔诚的心与尊重的态度,及时给予毛毯、御寒衣物,使这个民族性刚强的国家也深受感动。

紧急救难告一段落后,我们又投入中长期救援计划,看到当地一千多所学校倒塌毁损,令人很不忍心;对学龄中的学生而言,教育不能等,于是赶紧进行沟通协调,着手援建巴姆城的希望工程,为他们重建学校。

四月间希望工程动工,时序已进入夏季,炎热难当,起风时,风沙很大;建设学校期间,有一次慈济人去看工程,刚好学生们在太阳底下考试,当时气温高达摄氏五十多度。

我们的同仁说:"我拿起手机,就被烫到了。"高温酷热,可见一斑。学生们竟在水泥地上席地而坐,顶着日晒进行考试,真是"烤"验;尽管在如此难忍的气候下,他们依然坚忍不动。

慈济在当地一共援建五所学校，建设期间，一楼部分刚完成，二、三楼层还在进行工程，老师就将学生们带进未完工的教室上课，令人担忧学生的安全；当地的同仁说："没有办法，户外实在太热，我们穿着鞋子的脚都会被烫到，何况这些孩子？老师们爱护学生，我们也无法阻止。"

　　即使只是一个遮阳的地方，学生们就已经很高兴了，确实是知足常乐。慈济人在伊朗地震时，邀集大家共同关怀巴姆城，同样秉持着"走在最前，陪到最后"，从最初的紧急救难，到为他们援建成就慧命的学校一一竣工，除了为他们庆幸，祝福他们远离灾难之外，也希望都有安乐幸福的生活。

行经妙道

　　《无量义经》："是诸众生安隐乐处、救处、护处、大依止处。"

之四　阿琴的智慧语

人间苦难偏多,慈济人投入人群,纷纷带动社区志工、环保志工,编织起菩萨网,大家深入苦难角落,用爱关怀、以智慧辅导;这分付出的爱与人文,令人非常感动。

譬如有个受助的家庭,中度智障的女主人叫做阿琴,先生大她十三岁,有严重的口吃,经过长辈安排而结识,两人都很善良,并不因有缺陷而互相排斥。婚后先生认真地打零工维持家计,也很疼爱太太,育有两女;一位很会读书,另一位则遗传中度智障。尽管家庭经济不佳,却生活得和乐融融。

好景不常,有一天先生突感身体不适,刚开始为了家庭生计而忍着病痛继续做散工,直到无法支撑倒下时，住院检查发现已是肝癌末期，往生那一年，他才四十九岁。

阿琴在一夕之间失去家庭支柱，不知如何是好，一位慈济委员与她同住一个社区，于是就近用爱陪伴，同时协助她列入关怀户。

看到这个家很简陋，环境又脏乱，志工们就为她清扫环境、修缮房子，也教她平日如何照顾、整理家庭。经过一段时间邻里共同陪伴，一家生活逐渐稳定，就决定停止金钱补助，改以定期关怀。

阿琴得知此事后，无明火起，一次志工再去看她时，突然被掴耳光，志工莫名其妙地愣住了；这位志工在尚未走进慈济之前，性情也很刚烈，后来在慈济中慢慢修养自己，深知"得理要饶人"的道理，因此虽然挨打，但是仍用爱心与耐心深入了解原由。

后来明白原来是停济的缘故，阿琴将气出在她身上，她不仅不责怪阿琴，仍想尽办法亲近、开导她；过了一段时日，终于打开阿琴的心结，并且带着她走进环保站。在环保站里,很多环保志工用爱教导陪伴,她虽然有智能障碍,也知道应该替女儿们造福,可见母爱的伟大。

她先为两个女儿加入会员,每月一人一百元,后来志工们告诉她,也应该为自己造福,阿琴就说:"对,省一点就可以再多一百元。"于是一家三口,每个月缴交三百元。

有人问她:"捡这些资源回收,怎么不自己变卖来用?为何还要再捐功德款?"

她回答得很有智慧,她说:"别人帮助我很多,我也要帮助别人,否则人情债难还,我可以做环保,一家人也能当会员。"

这就是"济贫教富",让贫穷的人懂得知福,还能发挥力量帮助他人,感受到心灵的富足。虽然阿琴在他人的眼中是智能障碍,但是她能发挥良能做好事,就是有智慧的人;反观有知识的人却未必有智慧,有时精于计较,所作所为不一定都是好的。

佛法在生活中,人生道场好修行。看到这个家庭的苦难,慈济人能主动走入关怀,不仅布施、守戒,而且在遭遇误解时还能忍辱,依然不离不弃,持续陪伴与辅导,这不都是智慧吗?

行经妙道

《无量义经》:"遍学一切众道法,智慧深入众生根。"

之五　失学幼童的希望

　　普天之下福田广阔,只要心存爱的种子,就可撒播至无量无数。《无量义经》云:"譬如从一种子,生百千万;百千万中,一一复生百千万数;如是展转乃至无量。"一颗种子生出百千万亿,不断地撒播出去,能生无尽无量,绵延不绝。

　　希望无穷尽,就从一颗种子开始。种子藏在何方?就在我们的心中;一颗爱的种子,能度无量数的众生,我们身体力行菩萨道,到无量数苦难众生之处,拔苦予乐,培育众生人文教育。"慈济宗门"就是走入人群,在人群中见证无量的法门。

　　南非贫富悬殊,穷人的生活非常贫困,许多幼童失学;因穷而失去教育,人生就没有希望。南非慈济人十多年前,走入当地困苦众生中,深耕福田。除了贴近他们的心,用爱抚慰与建立彼此的信心之外,进而一步一步地接引他们;身着"蓝天白云"制服的慈济人,就是当地族群心目中的菩萨。他们伸出双手信任、肯定慈济人的接引,从慈善入门,而且进展到教育。

数年来有位何居士投入雷地史密斯的教育,已经建设七所中、小学,南非慈济人为了下一代的人文教育,每次回台湾,都很用心吸收慈济人文;同时带到南非努力地教导,经过一段时间的学习,这些黑人学生们不但会讲华语,也会讲台语,还学会谦谦君子的气质与人文礼仪。

慈济人将孩子的影像录回来让我看,有个黑人小女孩以字正腔圆的台语说:"师公,您可还记得二年前我们回台湾时,南非有二千四百个宝贝,现在已经有三千二百个。"

确实都是宝贝。慈济在当地所盖的学校,仅仅是简单的砖墙教室，他们能读书就很知足、心存感恩，视为当地最好的学校；以"心宽念纯"来形容他们的这分纯真，很贴切。

我们付出一分爱，他们就能感受，并且真正地延续下去。现在我们推动慈济宗门，对于我们最重要的一部经典《无量义经》作了很多的偈诵，何居士很快地就将"无量法门"这首歌带回南非，立愿要将"无量法门"推动到七所学校，让每位学生都会念、会唱。

慈济人传授、教导不到九天，南非的学生们就会背诵"无量法门"，不但会唱还会比手语，慈济人也教导他们明白经文的含意。这不就是人间菩萨？上求佛法、下化众生，在凡夫地发菩萨心，"学中做，做中觉"，觉悟之后就向下扎根传承。

数年来不断地深耕，已经有学生考取大学。在开学前，慈济人特地去陪伴他们，还说："看到你们考上大学，我们比自己的孩子考上还要欢喜，师公有交代，要教育你们人人散发淑女、绅士的气质，成为典范。"

于是带他们回家，拿出自己儿女的衣服给他们，并教他们如何穿着得体，以及将自己打扮得整齐干净。视天下的孩子如己子，特别是在非洲，要培育出一粒粒健康的种子，很不容易，尤其在南非的慈济人并不多，大家的经济条件也不是很好，却立志就地取材，勤募善款，持续做慈善、教育的工作。

他们建设学校、助学，负担很沉重，却没有回台湾请求经济援助，反而是我常会关心地问："有没有困难？需不需要回来请款？"

他们为了安我的心都说："师父，我们不够时再回来向您报告。"

他们回去后仍然自掏腰包，点滴累积去付出。南非的学生们都很感恩台湾，也录了拜年的影片："师公，我们很思念您，听说台湾现在是冬天，会不会冷得发抖？"

还说："师公说要回归竹筒岁月，怀抱着心宽念纯，开启美善人生。"

"要好愿连连,一天存一元,小元变大元。"听了真是很贴心!

南非慈济人就是秉持慈济的精神理念,培植心灵善的种子,开发出一条菩萨道,队组合心耕福田,撒播无量亿的种子。在南非看到从小学、中学到大学,幼苗已经长成大树,真是令人欢喜。

行经妙道

《无量义经》:"从一种子,生百千万;百千万中,一一复生百千万数;如是展转乃至无量。"

第二部 人医行入妙法

——从医疗到骨髓捐赠

之一　眼明之乐

在菲律宾有位利未尼西亚医师（Dr. Guillermo De Venecia），他具有德国与菲律宾的血统，在美国成长，求学之路很顺遂，后来成为很成功的眼科医师；他看到母亲的故乡有许多人因眼疾而苦，因此就在菲律宾乡间设立一家眼科诊所，并且经常举办义诊。

由于一次来台湾参观慈济的因缘，认识菲律宾慈济人医会，非常赞叹与认同慈济在当地义诊所投入的心力；现在菲律宾慈济人每年都会在他的诊所，举办大型的眼科义诊。

距离这家义诊所二三百公尺处，有间小木屋，住了一位七十二岁的老人，五六年前因眼疾而视力渐退，终至全盲，以乞讨维生，因不会自理生活，长时间未沐浴而全身污秽。

利未尼西亚医师经常鼓励老人:"既然离义诊所这么近,应该来开刀治疗。"老人却说眼盲乞讨,比较容易博得他人同情;利未尼西亚医师感到很无奈,就将这则个案转介给慈济人。

慈济人用真诚的爱与智慧和老人互动,先带食物给他,让老人免除饥饿,然后问他:"想不想沐浴? 换一件新衣服穿?"

老人听到可以清洁身体又有新衣可穿,就欣然同意;于是五六个慈济人赶紧为他沐浴、理发。

由于他已久未盥洗,慈济人反覆四五次用肥皂刷洗才干净,同时也劝他:"去开刀吧,可以让眼睛重见光明。"他仍然婉拒。

巧合的是,这时来了另一位老先生,在去年接受手术,就与他分享:"开刀不会痛,我十多年来眼睛都看不到,生活在一片黑暗中很辛苦;现在开刀后能清楚地看到世界,人生变得光明亮丽。"

有人以亲身经历引导他,让他知道眼明的世界很好,分享重见光明的喜悦;慢慢地这位老人就心动了,答应开刀。原本这位劝导他的老先生是准备来当志工的,因为住得远,所以都会带衣服来过夜,一听见他答应开刀,就将自己准备的衣物送给他。曾经接受帮助的人,现在也可以帮助别人,这是多么美的循环。

　　到了手术台上,开始时他很安心地躺下,没想到手术进行一半,虽然因为麻醉并不会感觉痛,却想着开刀的可怕而后悔,一时间挥舞拳脚,直说他不要开刀。

　　这时为他开刀的史医师很有智慧,赶紧安抚他,拿出手电筒用光照一下他:"看到光了吗?"

　　"看到了。"

　　"你现在看到光,待会儿就可以清楚地看得见,外面景色很美,我们继续开刀。"

　　他说:"喔,这样好。"又安心地躺回手术台。

　　躺下之后,多位慈济人围绕着他哼唱着歌曲,有的人轻拍着他,给他鼓励,他自己也唱起菲律宾的情歌,安定了情绪。等到手术完成,让他戴上护目镜,他看看周围,真的重见光明。

隔天回诊时,他已不必拿拐杖,自己就能走来。慈济人一路真诚地陪伴他、为他服务,这分关怀多么温馨。

世间本就亮丽光明,充满真与善。人切莫因为贫穷而妄自菲薄,在这个个案中,我们看到一位原本接受帮助的老人,也可以尽己所能回馈付出,劝解他人接受手术、重见光明,这样的人生很可爱;贫穷并不可耻,可耻的是,不甘于贫穷而为非作歹。

我们无法选择出生的环境,倘若处于困窘之境,就应该寻思如何自我勉励,在困难时接受帮助,有力量时就回馈他人,这就是人生爱的循环。

行经妙道

《无量义经》:"于众生所,真能拔苦;苦既拔已,复为说法,令诸众生,受于快乐。"

之二　仁医的妙方

人生最苦就是病,病痛是最折磨人的;只要身体健康,心能想通,遭遇任何困难挫折都不会觉得苦,倘若身体不健康,再富有也是苦不堪言。

身体健康时,只要有兴趣,无论攀登高山或潜水,都能自由自在地做;然而人吃五谷杂粮,谁能无病无痛?"病"未必专属于老人,年轻人有时也会遭遇疾病的折磨。

花莲慈济医院曾有位廿六岁的年轻人就诊,身材高壮、一表人才,他的苦不仅于身体的疾病,更苦于无人能从其外表觉察他的病苦,唯有自己孤独地忍受,有时忍不住会有轻生的念头,幸好他有生命的韧力,不断地就医对抗病痛。

他罹患的是血友病，严重时关节会出血，非常疼痛，一发病就忍不住求医；曾经在一年内寻求五百六十一次急诊，却时常被误认是吸毒，或是随意要求医师为其打止痛针。

由于异常的急诊纪录，引起健保局的注意，希望我们能深入了解他的病源所在。我们的医师很用心地追踪诊察，终于找到病因；不仅用药物治疗，重要的是，也治疗他的心理。

《无量义经》云："医王，大医王，分别病相，晓了药性，随病授药，令众乐服"，良医就是大医王，真正能对症下药，使患者乐于服用药物。

我常称呼我们的医师为"大医王"，在佛教经典中，大医王不仅疗治身体疾病，还讲究预防之道；一旦生病，治疗身病之外就是要了解病患的心理，辅导教育患者，如何爱惜身体、保护健康，这些大医王可说是活佛。

佛陀教导凡夫不要被命运所转，应该要"运命"；

若抱持着"我病得很苦"的负面心态,精神就会跟随身体的病痛而沉沦萎靡。因此大医王知晓如何提振病人的意志,使其挣脱病苦的折磨,要领就是转移他聚焦在病痛上的注意力。

"病苦"是真的苦,并非求神就会获得保佑而消除,佛陀早已教育我们,有病痛时应用心、用智慧配合医师,双方面合作才能抗抑病灶。

脱离病苦,除了自己的意志坚强之外,重要的是要有好医师。"医王,大医王,分别病相",是指良医能细究疾病发生的原由,了解药性而"随病授药",知道何种病应该使用何种药,再因应患者的体质对症下药。

有些人病急乱投医,服用一次药方觉得没效,又另找医师,甚至寻求偏方等,这是非常危险的行为。良医能建立病患对医师及药物的信心,"令众乐服"才能让病人按时服药,发挥药效。

譬如这位血友病患的主治医师石明煌副院长

就很有智慧,先和病患建立感情,藉聊天转移对病痛的注意力,让患者建立信心接受药物,能按时按量服用;再与其约法"五"章:

第一,对自己好一点。切莫动辄萌发轻生的念头,身体是父母给予,要疼爱它。

第二,认识治疗多一点。若能了解医师的治疗方式,明白这是正确的处理方法,内心就不会起伏不安。

第三,对自己的病情多了解一点。

第四,对医师好一点。石副院长告诉他:"我和你感情这么好,对于自己的病痛要有治愈的信心,用心克服,不要一点病痛就立刻寻求急诊。"

第五,对社会大众好一点。健保制度需要大众一起维护,不要轻易浪费医疗资源。

由此可见,良医不仅维护人的身体健康,还可以为社会节省支出,使用在其他有意义的地方。

这位病患也很有报恩心,现在在健保局负责催缴健保费的工作,尽自己的一分力量回馈社会。

世间调和是每个人的责任;倘若天地、社会、人人的身体都能调和,就不会有苦难频传。

行经妙道

《无量义经》:"医王,大医王,分别病相,晓了药性,随病授药,令众乐服。"

之三　完成最佳剧本

生命无常，一旦人生剧本演完，就鞠躬下台。好的演员，等待着下一场戏，生命的导演也已经安排好下一站的人生舞台。生命很奥妙，我常说，"人生没有所有权，只有使用权"，需了解如何使用，能善用就能发挥价值，反之则否。

世间最可贵莫过于生命；人生最痛苦的，莫过于病痛。所以捐赠器官确实是大布施；愿意将身体的一部分捐出救人，不仅救一个人，也救了一个或数个家庭。延续生命能为社会再发挥功能与良能，对人生的贡献很大，可说是舍生命、续慧命。

《无量义经·德行品》中，佛陀教育我们"头目髓脑悉施人"，二十多年前慈济建设医院开始，我们就推动"器官捐赠",感恩这些年来器官捐赠的风气已经慢慢地开启,社会上也多能接受,曾有这么一则个案——

一位赴日侨居的女士,有天突然昏倒,送医不治,日本的医师宣布脑死,慈济人一路关怀、陪伴,并且联系她在台湾的女儿。

由于在日本也可以收看大爱台,日本慈济人常常听到我呼吁:生命走到最后一站,应发挥大用,将躯体、器官捐献出来。

慈济人就和这位女儿沟通器官捐赠的道理,她是一位很虔诚的基督徒,也曾经看过大爱台,能够接受,就说:"好,人死了以后上天堂,既然躯体没有用,假如有机缘,就把还能用的器官捐出去,让生命延续。"

这位妇人可以捐赠的器官很多,包含心脏、肾脏、肝脏、皮肤、骨骼,还有大动脉的血管。由于日本在这方面的观念还很保守,认为身体是父母所给予,往生后也要保留全尸,因此在日本要劝捐器官并不容易;

这次有台湾的华人，愿意在日本捐出可用的器官，让他们的医学界震撼不已。

在台湾，除了器官捐赠之外，也呼吁大体捐赠，已经有许多慈济人，包含会员，平日经常收看大爱台，了解慈济精神，明白生命的真谛，在病中也能很自在，向儿女交代，到了最终一刻时，要作大体捐赠。

大体捐赠主要供医学生上解剖课用，了解身体的奥妙；此外，我们也提倡模拟手术，希望医师再精进——人体生理的道理很深奥，需要探索的问题还很多。

对外科执刀的医师而言，如何准确地开刀，有赖于对人体构造的熟悉与了解，无论是住院医师或主治医师，都需要在人体上更精进医疗手术的训练，所以我们都称捐赠者为"大体老师"或"无语良师"。

有位模拟手术的"无语良师"，是廿一岁的年轻女孩，罹患白血病，在医疗上已经尽人事了，她的母亲是慈济人，也常告诉她生命的道理，虽然她的生命如此短暂，却愿意奉献躯体作医学研究，探索生命的奥秘，找出何以这么年轻就罹患这种病的原因。

母女心灵牵绊，母亲用尽心力疼爱、照顾她，既然已经救不回来，也是大自然的法则，就要运用智慧解开烦恼；能将女儿奉献出来，是非常感人的大布施。

我常说，捐赠大体就是要当医师的老师，正如以前一位大体老师李鹤振居士生前所言："宁可在我身上划错几百刀，也不要在病人身上划错一刀。"这是多么难得的大舍精神！

人生就是要在健康时为人群付出，到生命终了时，选择化无用为大用，真正发挥生命的价值。

行经妙道

《无量义经》："普及一切诸众生，能舍一切诸难舍。"

之四　风雨结髓缘

菩萨道场不停歇,就如地球在宇宙中,分秒都不停转,菩萨世界也要持续在人世间推动、绕着道场而行。非常感恩慈济人,若非步步不停、念念不息,如何能延续法髓净化人心、成长慧命?

有位二十多岁的年轻人,幼年时因为父亲时常酗酒,酒后常殴打他的母亲,他看在眼里,很心疼母亲。俗云:"人之初,性本善",他心想,长大一定要好好赚钱,以庇护、孝顺母亲,这就是一念孝心。

"百善孝为先",孝心不就是善的根源吗?在成长的过程中,社会人事复杂,容易熏染浊气,他跟着一群朋友学会很多恶习,吸毒、打架都会,终至受到法律制裁。在监狱中,他仍不懂得改过,脾气凶狠,一有看不顺眼、稍不如意，或者相处时的小摩擦都诉诸暴力，因此一再被勒戒。

多次进出牢狱，对他而言，监狱如同观光饭店，也曾因犯错单独被关在一坪多的小空间，他仍然认为都是他人的过失；自己没有错，为何要受罚？不但如此，还抱着"有朝一日，别让我碰上"的报复心态。

如此人生的前途一片黑暗下，谁最苦呢？他的母亲。母亲对他始终不弃不离，时常探监；有时他闹事遭到禁见，见不到儿子就勤写信，字字血泪，他还是不为所动，如此经过很长的一段时日。

有次慈济人到监狱里现身说法，包含曾经迷失，因进入慈济而改变自我的人，将心路历程与大家分享。他对慈济人的第一印象很好，于是静静地听这些真人实事；从中他看到也相信有比他更狠、更坏，一样入监服刑、一错再错的人，都能改变自己，长久封闭在心灵深处的善念，因此被开启。

后来他听到一位师姊分享，她的弟弟赌博、吸毒，后来欠债被追讨,乃至遭杀害,讲到对弟弟的那分心疼、悲戚,师姊流露出真诚的手足之情。

他恍然大悟,想到幼年时那分心愿,要庇护妈妈,不让妈妈伤心;又想到长久以来,他一错再错,伤透妈妈的心,妈妈的心就像针包,任由他像针一般再三地刺伤,妈妈仍是无尤无悔,给予宽谅与关怀,还一次次到监狱里规劝他;妈妈的话言犹在耳,"你要改喔!在监狱里要有规矩,不要跟人家吵架。"偏偏他没能将只字片语放入心里。

从那次开始,他决定要改过自新,回归善良的本性。他问慈济人:"我能做些什么?"那时正在推动骨髓验血活动,慈济人就告诉他:"骨髓捐赠,当下就可以来验血,有机缘就能救人一命。"

他想"能救人"就是最好的事,因此出狱后,主动联络骨髓中心,参加验血的活动。

"有心就有福,有愿就有力",数月后他被通知配对成功,欢喜地等待着可以捐髓,做这件救人的工作。

不料，他预定抽髓的那一天，因台风警报所以飞机在风力影响前要停飞，他看了新闻报导很紧张，然而救人的心愿很急切，就提前一天搭飞机到花莲，在台风当天很顺利地抽髓，在台风未影响前，赶紧送出去救人。

慈济人一直在旁呵护与陪伴着他，他也很期待能将他的爱融入慈济大家庭里，因此一有任务就投入去做，现在认真做起小生意，为家计负起责任。

人不怕错，就怕不改过，因为一分法髓的缘，启发救人的善念而找回孝心，回到家庭、让母亲安心，同时也认真工作，建立一个温馨的家庭。

他的前途变得光明，也是菩萨大家庭中的一位新发意菩萨，我们虔诚地为他祝福。

行经妙道

《无量义经》："于法内外无所悋，头目髓脑悉施人。"

之五　金条变钢梁

在慈济世界，可以看到很健康的人生，其中也有已经上了年纪的老人家，历经数十年的风霜岁月，吃了很多苦，譬如金龟伯。

他的童年很坎坷，由于以前的人较迷信，孩子出生后就找人看八字批流年，算命的人告诉他的父母："这个孩子将来会克父母，不能和父母在一起。"因此他就被送去由外婆养育。

外婆往生前，又将他过继给舅舅，可是舅舅不务正业，喝酒、赌博，进出监狱。他从九岁起，就独自住在外婆家；后来舅舅出狱，带他到赌场做小工，帮人跑腿买东西，他们称作"小飞"。

金龟伯后来告诉我："还好我没有学他们赌博。"

他很自爱,在赌场里只是赚一点跑腿的工资,并未染上赌博恶习。

服完兵役后,他去当学徒做水泥工,很劳苦地工作。成家之后夫妻同心协力开创事业,当时房地产正值景气兴盛,他们就包些小工程,渐渐地存了些钱。

这时他感到赚钱不易,自己的幼年过得那么辛苦,希望能让孩子过好生活,不但努力工作,自己的生活也很节省。

他想要积蓄,又不放心存太多钱在银行。二十多年前,他用了二百五十多万元买了廿五条黄金,就在门槛下挖了一个槽,然后把金条放入塑胶管埋在门槛里。他的太太不晓得门槛下藏了许多金条,曾向他抱怨:"回到家,你都不看我一眼,只会盯着门槛!"

搬过五六次家,他都将金条埋在不同的地方——有时在楼梯底下、有时在浴缸下,同样封入塑胶管埋起来。

大约十五年前,他事业有成,却失去健康,无论怎么求医都治不好,因此他四处求神问卜;有人带他去找乩童,乩童告诉他冲犯了什么,应该如何祭拜,他依照乩童的指点,为了表达虔诚的心,每次祭拜都花费巨资买纸钱,愈烧愈多,后来还动用卡车载,每次数万、数十万元地烧,疾病仍然未见好转。

他有位好朋友,知道我要行脚,特地从嘉义带他到台北来见我,说:"师父,他烧了很多纸钱,一天到晚求神问卜,身体还是好不了。"

我问他:"你怎么了?"

他回答:"我吃了十多年的药,都吃不好。"

我反问他:"我吃了几十年的药也好不了,那又该怎么办?你烧再多的纸钱,身体也不会好,不如把这些钱存下来做些有意义的事。"

他知道当时我们在筹建花莲慈济医院,想想儿女都已成家立业,也不需要存那么多钱,就和太太商量:"我们把祭拜、烧纸钱这些省下来,让师父盖医院救人。"陆续为自己、太太、儿女圆满"荣董"(注)。

近年慈济在台中潭子建设医院,他又和太太商量:"我们放着那些金条也没用,埋在门槛时,心就在门槛下;埋在楼梯下,又要时常去看楼梯是否被挖洞;藏在浴缸下,也要担心浴缸有没有被移动,真辛苦。我们把这个'烦恼'交给师父吧!"

有一次我行脚到台中,他就将金条带来,然后对我说:"师父,很不好意思,我要把一个'烦恼'送给师父。"

我正觉奇怪:为何他要将"烦恼"送给我?他就拿出金条表示要捐献,还说:"慈济在台中建设医院,我希望这座医院里的钢筋、砖块、砂石、水泥,都有我的一分心,所以我要将'烦恼'捐出来。"

这就是爱心与智慧,他的生命观很健全,虽然身体有不调和的时候,曾经寻错了路径,但是能及时走回正途,身心都很健康。他说:"很感恩,自从我将财物捐出后,不知是否因为除去了烦恼,身体就强壮起来,现在都在当志工。"

金龟伯能把握住人生正确的方向,身心健康、家庭和睦,真是令人庆幸。

行经妙道

《无量义经》:"有爱著者起能舍心,诸悭贪者起布施心。"

【注】:慈济荣誉董事的简称,捐款满台币一百万元的大德,授予荣董,衷心感恩布施行善者。

第三部　普化育入正道

——从教育到社会推广教育

之一　智慧的传家宝

选择一条正确的路,而且持续往前走去不后悔,步步精进,这就是"尽形寿、献生命"。

有位阿筍师姊做到了。她可说是用生命做慈济;无论是招募会员、做环保,还是在儿童精进班陪伴,都有她的足迹;不仅自己做,也带儿女一起走入慈济。

她告诉子女:"做慈济,永不后悔!"这种一心一志,守志奉道,多么可贵。

学佛,就是要得这分智慧。人生自古谁无死?生死是大自然的法则,重要的是在生与死之间的此生,应以何种方式生活,是否懂得选择正确的道路。一辈子只要遇到好因缘,懂得及时把握,就能得遇人生的真理。

《无量义经》云:"晓了分别,性相真实,有无长短,明现显白……无碍辩才,请佛转法轮,随顺能转,微渧先堕,以淹欲尘。"

"晓了"就是很清楚的意思。如阿筍一点都不糊涂,在慈济道场,不但知道要做什么事,也能运用自己的生命,走入增长慧命的世界。所以说,能分辨是非做该做的事,就是智慧;她不会做不该做的,没有愚痴,这就是已经"晓了分别"。

她用真诚的心付出,到了人生的最后阶段,清清楚楚地交代大家:"女儿,我的功德本你要替我接下去收。"

"师姊,大楼的环保你要承担。"

"儿子,尽管我没有留很多钱给你们,但我还是很想圆满一个'荣董'。"

她懂得人生拥有再多世间财,并非最有福,重要的是付出有形的财物,以及播撒无形的大爱;用生命付出,而获得无穷尽永生不灭的慧命,即是"性相真实"。

"有无长短",所谓的"有",就是"妙有";"无",叫做"真空"。真空妙有,她都分得很清楚,真空就是假,也很短暂,人生数十年能有多长?

一辈子的生命是草露风光,长短自己无法掌握,因此应利用种种"真空"的假合,换取"妙有",才是真实恒久的慧命。

因缘果报是一定有的,所以我们要能认清真空妙有。"明现显白",在此生就可以清楚明白的道理,再现相让我们更加了解。想想,人生说走就走,还有什么值得计较?

"无碍辩才",常转法轮。"无碍辩才"就是将法很清楚地传达给大家,未必需要口才伶俐,身体力行令人信服也是"辩才";所以我们不仅口说真理给大家听,同时也要以行动落实,做给大家看,直到大家都清楚明白道理。

慈济的法轮就是"无量",在人间眼见所闻,无不是佛法。"微渧先堕,以淹欲尘",阿筍以身行教育子女,已现病相后,就交代子女,希望能捐出财物,也希望让子女明白母亲的心意——她不是要留下财产,而是要留下德行。

传德予子女,多么有智慧,这种身教与法财,就是慈济的法门。期待人人都能身体力行,才能体会,在菩萨道上精进不懈,如此将会是很好的人文典范。

行经妙道

《无量义经》:"晓了分别,性相真实,有无长短,明现显白,又能善知诸根性欲,以陀罗尼,无碍辩才,请佛转法轮,随顺能转,微渧先堕,以淹欲尘。"

之二　高山上的人文课

在台湾有些偏远地区还是很缺乏医疗资源,尤其是山高路远的高山原住民部落;每当慈济人医会前往义诊时,我就会很担心,因为山路陡峭,路途遥远,然而尽管辛苦又危险,他们仍然定期到高山部落举办义诊。

其中有个村落居民平日饮食习惯大鱼大肉,而且喜爱喝酒,经常可见居民醉醺醺的形态。当地乡公所的人告诉我们,此地居民的平均寿命约五十岁,健康状况普遍不佳,主因来自于酗酒又大鱼大肉,再加上抽烟、嚼槟榔等习惯,因此罹患糖尿病、肝病的比例偏高。

慈济人医会的医师认为,仅给予药物治疗,并非根本改善之道,应该配合卫生教育;因此逐步规划"四合一"义诊,结合人医会、慈诚队、委员和教联会。

"人医大爱,教联长情",人医们就是扩大爱,爱惜生命、抢救生命;教联会的老师们则是拉长情,除了医疗卫教之外,也给他们生活教育,为他们抢救慧命;每个月利用两个星期六,辅导学童课业,同时灌输人文观念。

俗云"十年树木,百年树人",要启发他们的爱心,懂得自爱,同时爱人,需要从生活习惯开始。当地的老师也告诉我们,不仅家长们喝酒,有时小学生上学时也浑身酒味。

若问他们:"为什么要喝酒?"

学生们回答:"爸爸说喝酒才有男人气概。"一家人将喝酒视为娱乐,不分老少一起同乐。

教联会的老师们费尽心力要帮助他们,学生们的国语发音不标准,就矫正他们的发音,也教导他们课业;重要的是,带入慈济人文。

初始推动时,学生们都活泼好动,想让他们安静下来都不容易,甚至有的学生会跳窗溜走,可想见那分不安与躁动。所幸老师们都发挥无私的爱,视这些学生如己出,设法先以动态的方式吸引学生的注意力,使他们对老师生起欢喜心,进而想听老师说话。

老师们用静思语教学,教导他们对生活要懂得知足,告诉他们"不去看失去什么,而是看自己还拥有什么"。

渐渐地,学生会说出:"改变自己是自救,改变他人是救他。"

他们学习的慈济人文已经从不轻视自己的功能,进而发挥良能为他人付出;而今学生们已经上轨道,从浮躁到定静,种种的进步都令人欢喜。

万事起头难,推动的阻力不仅如此,这个村落共约九百户人家,几乎是信仰基督教或天主教,因此教联会的老师们要进入村落辅导学童时,多数的家长都反对,认为慈济是佛教团体,是来传教的。当地的校长、老师们用尽心力挨家挨户拜访,才让三分之一的家长愿意让学生接受辅导,直到辅导的成果卓著,现在许多家长都很期待孩子能上慈济人文课。

无论如何,我们都应该致力于导正不好的文化,推广"人文",发扬人性本有善良、光明的一面,才是正确的道路。

行经妙道

《无量义经》:"调御大调御,无诸放逸行,犹如象马师,能调无不调。"

之三　救度沦落人

《无量义经》云："而诸众生，虚妄横计；是此是彼，是得是失；起不善念，造众恶业。"世间处处陷阱，芸芸众生一念偏差，心念虚妄而迷茫，很容易掉入陷阱，难以自拔，所以需要有菩萨；"菩萨摩诃萨，如是谛观，生怜悯心，发大慈悲，将欲救拔。"菩萨用道理看人间，生怜悯心，发大慈悲，投入人群中救度众生。

台中有位蔡居士，十余岁步入歧途，吸毒、打架闹事，甚至贩毒，后来被判无期徒刑。因缘成熟时，在监狱中读到《了凡四训》，深感因果可怕，因而自我反省，知道过去所作所为的错谬，不但害了自己，也害了许多人因他贩毒而迷失自己、受尽苦难，他自许要彻底悔改。

而后偶然的机缘,阅读到《慈济道侣》,看到很多好人好事,不仅在台湾,还遍及国际。他自忖:我这一生都在做什么?

静思精舍常住师父长期关怀受刑人;有位常住师父在给他的信中写了几句《静思语》,易记易诵、道理简单,他就奉为日常生活与待人接物的准则。由于在狱中表现良好,获得减刑。

出狱后,他有心投入慈济,但是还有自卑感,徘徊在慈济分会外犹豫不定,有位慈济委员看到了,就主动和他打招呼:"怎么不进来?"

他说:"我刚从监狱出来,曾经做过很多错事。我能进去吗?"

听他提起自己的过去,这位委员告诉他:"我也曾是一间酒家的经理,领着许多风尘女子,自己也喝酒、赌博。我没比你差,你也不比我坏;你看,我现在已经是慈济委员了。上人说:'福田一方邀天下善士,心莲万蕊造慈济世界',只要有心彻底改过,心中的莲花就会浮现。"于是带领他走进慈济。

他非常精进,无论做资源回收或是各种勤务,都任劳任怨、用心地紧跟着大家的步伐。几年内,他见习、培训,然后受证,并且以亲身经验,讲述一路走过来的心路历程,唤回不少深陷迷途的人。

其中有位洪居士也深受他影响。这位年轻人才三十多岁,家境优渥,由于身为独生子,母亲疼爱有加,全心期待儿子能成人,而他却在十七岁那年,在外和人玩乐、堕落吸毒。

十余年来,母亲光是为了他吸毒,就花了三千多万元;期待他能戒毒,还帮他娶个太太管他,也生了孩子,而他仍然无法改掉恶习。

母亲想尽办法,用亲情、用爱感化他,他有时也自觉:应该要改,不能作孩子不好的示范。改了数次仍改不掉,有一回,他同意锁上房门,希望毒瘾发作时,因为无法外出吸毒,看能否戒除。结果毒瘾一发作,他却忍不住撞门,门撞不开,就从楼上跳下,因此跌断腿,被送进医院。

他的母亲不知该如何是好,儿子毒瘾发作时让人害怕,现在又跌断腿住院,求助无门饱受身心煎熬。社区里有位慈济委员获知后就前往探望,陪伴他们一家人,同时将这个个案介绍给蔡居士。蔡居士每天都去陪伴、开导,乃至与他分享吸毒后苦不堪言的挣扎,协助他慢慢地戒除毒瘾。

他手术过后,伤口一直未能痊愈,有天他就要求母亲:"台中有个慈济分会,你去求菩萨,如果我可以康复,就投入做志工。"

母亲听了很欢喜,就跟着慈济人到分会祈求。一段时间后,果然可以出院,他就投入做环保;只要哪里有需要,无论洗厕所或是粗重的工作,他都愿意承担;慈济人陪伴他,他很感动,并且发愿:要做一个很好的慈济人,也要做师父的好弟子。

他的母亲除了协助蔡居士做募心与募款的工作之外,也感恩蔡居士将她的儿子导正过来;连他的孩子都说:"爸爸现在很好",过去他毒瘾发作时,儿子都告诉阿嬷:"叫警察叔叔把爸爸抓走。"现在却说:"阿嬷,菩萨帮我们找回好爸爸。"人生转变,这个家庭因此得救。

人难免犯错,但若能知错改过,遵循道理而行,自然生活会转变,也能感化他人;若是恶念一起,不仅害己也害人。善恶来自一念间,心要融会道理,才不致迷失人生方向。

行经妙道

《无量义经》:"而诸众生,虚妄横计;是此是彼,是得是失;起不善念,造众恶业。"

之四　漂洋过海的幸福

"缘"很奇妙,只要有缘,就没有距离;所听到的话句句都是妙法,皆可运用在日常生活之中,再不好的习气也能改过。

台湾外籍配偶为数不少,这些语言、文化背景不同的人,从不同国家漂洋过海来台湾,组织了家庭,生养下一代,衍生许多教养子女、文化适应等问题;为此,数年前慈济人在社区开设"蕙质兰心班",让外籍新娘能就近学习语言,也教导她们融入台湾家庭生活——为人子媳如何侍奉公婆,以及熟悉日常生活习惯、台湾文化,建立邻里关系等等。

经过慈济人的努力,在北、中、南区都已经开设许多外籍"蕙质兰心班",获得很好的回响。

与外籍配偶结合，夫妻双方能否相处融洽？彼此是否感到称心如意，都能建立美满幸福的家庭？并不容易。主要有两方面问题：

其一，先生是否能负起家庭责任。有些人没有责任感，结了婚仍然沉迷吃喝玩乐，让外籍配偶在家庭感受不到温暖，加上文化背景与周遭环境不相同，以致更形孤单，而苦不堪言。

其二，则是先生很好，外籍配偶因不适应环境而产生孤单之感，转而放纵生活；例如有位外籍新娘，嫁到台湾已经五六年，先生规矩地上下班，按月给她理家费用，也生了一个孩子；安定无缺的生活，她仍然感到寂寞，就沉迷于喝酒、赌博，加上她任意花费——认为远嫁台湾，就是为了享受。这种脱序的生活，无法带来家庭幸福。

直到一次无意间，她看到大爱电视台"人间菩提"节目，才感觉应该要改变自己的生活态度，因此加入"蕙质兰心班"，并且戒酒、戒赌，也改掉动辄置装的习性。

先生对于她的改变感到很高兴,有时主动提议带她去买衣服,她却说:"不用,我穿这件慈济共修服就很美了。"

一个人的改变带来一家人的幸福,在"蕙质兰心班"里也多有所闻;其中有的先生生活没有规矩,赌博、喝酒,出门形同失踪,回家又打老婆等等,原本夫妻相处都是以牙还牙、冲突相向,后来太太加入了"蕙质兰心班"后,返家变得很温柔。

这种转变,令先生感到好奇——究竟太太上的是什么课,为何会有如此转变?不禁跟着来看看。慈济人发现先生连着两三天都来探班,就邀请他:"来,一起坐下听大家说话。"

先生不好意思拒绝,就进去了。慈济人将他介绍给大家认识:"这位先生很好,很关心太太上课的情况,请他和我们分享。"

先生在众人的鼓励下,硬着头皮说:"其实我是来看你们到底是怎么办到的,让我太太变得很温柔。"

大家就起哄:"她都变温柔了,你是不是也要变乖?既然从那么远的地方将人家娶回来,你有没有疼惜人家?"

先生不敌众人劝说,就说:"好啦,我会改变。"

"那么请你每次都陪她来上课,表现给大家看。"果真往后都陪着太太一起上课,自己不好的生活习惯也一一戒除了。

"蕙质兰心班"不仅教导外籍新娘语言,让她们能与人沟通,还可以教导子女,不至于在同侪间产生语言隔阂,顺利地接受老师的教育;同时也改变先生的生活态度,共同建立幸福家庭,这都是一个"缘"字。

我们要多结好缘,自然说出的话,他人就会当作宝,用在日常生活中,进而改变自己。

无论是外在的环境、内在的心境,只要有正确的方向,人人都会"就有道而正焉"。法譬如水,人生少不了法水;心就是法的本,大家多发一点善心、起善念,社会就会祥和。

行经妙道

《无量义经》:"法譬如水,能洗垢秽,若井若池,若江若河,溪渠大海,皆悉能洗诸有垢秽,其法水者,亦复如是,能洗众生诸烦恼垢。"

之五　最后的心愿

佛陀来人间一大事因缘,是为了度化众生,犹如调御师般,即使众生的心如猛虎般刚强,佛陀的智慧都能调伏。

台东有位廖居士,过去的人生很坎坷也很迷茫,常常过着放荡的日子,因一场车祸将他撞醒,重伤截肢后,仅剩半截身躯,他一直想改过,然而习气难改,喝酒、抽烟样样不离。

后来罹患口腔癌住进花莲慈院,医师警告:"若是不戒掉烟、酒、槟榔,你也不用再治疗了。"并且转介给志工。

慈济志工们展开关怀与陪伴,直到出院后,仍居家辅导;即使他的病情复发再度入院,志工们还是不离不弃地关心,并且一路相伴,他终于彻底觉悟,忏悔过去,发愿未来要成为慈诚与委员。

初始他投入做环保,以半截的身躯来做并不容易,他仍然很坚强,努力地做;同时也与人分享,到了别人的家门口,他完全用自己的力量,俐落地从轮椅上翻身下来,别人想扶他都来不及,他以行动现身说法——尽管过去的人生很荒唐,也失去健全的身体;而今他的心灵不缺,一样能帮助他人。他的现身说法,感动了很多人。

他精进地投入数年后,却因口腔癌恶化,医师宣布他的时间所剩无几。他仅有一个心愿,就是希望能受证。

有一次我在慈院的社服处门口遇到他,他告诉我:"我刻意在这里等师父,只希望等到师父授证那一天,可以让师父为我授证。"

我说:"提前为你授证好不好?"

他说:"我不要有特权,只要可以等到那一天,就受证。"我祝福他,希望他回到台东后,能圆满心愿。

到了那一年的第一场受证,我在台东看到他,西装笔挺,胸前挂着"佛心师志",坐在轮椅上,他说:"师父,我来了。"

"你等到了!"很令人欢喜,原本医师认为情况并不乐观,他的意志力却很坚强,终于等到为他授证的时候。

生命的长短我们无法把握,佛陀教育我们人生无常、因缘果报——造什么因就得什么果。过去生我们自编自导,来到今生的舞台,必须演好自己的角色,无论好坏,都要甘愿接受。

此外也有位王居士,从小性情较暴烈,年少轻狂而加入帮派,过了一段迷茫的人生。直到他突然觉得身体不适,检查后知道罹患甲状腺机能疾病,必须静养,就待在家里一段时间。

有一天,他无意地打开电视,看到真人实事的"大爱剧场",就被当中的故事所吸引,开始天天收看而深受感动。

据悉他母亲的脾气原本很刚烈,参加慈济委员见习,走进环保站,有很多慈济人陪伴,时时口说好话,面带笑容,在柔和善顺的环境中,逐渐变得温柔,也常将《慈济月刊》带回去让他阅读。

母亲的改变令他很震撼,因而走入慈济做环保,并且参与其他志工服务,从中更加体会付出的喜乐。相信他的身心都恢复健康了,家庭也会和睦幸福。

《无量义经》云:"瞋恚盛者,起忍辱心","瞋"就是好发脾气,若能接触到佛法,将佛法落实在生活中,自然就会起一分忍辱心。人与人相处就是要懂得忍辱,只要有"忍"字,脾气发不起来,如何有是非冲突?"忍"要做到"忍而无忍",忍到不会发脾气的程度,就是真功夫。

"生懈怠者,起精进心",若是懈怠的人,一天过一天,今朝有酒今朝醉的人生很浪费。我们要发挥生命的价值,把握时间;时间能造就学业、事业、道业的成功。懂得把握时间的人,就不会懈怠,这也是精进;倘若能有精进心,在人世间一定会成功。

行经妙道

《无量义经》:"瞋恚盛者,起忍辱心;生懈怠者,起精进心。"

第四部　镌德香入清流

——从人文到环保

之一　长寿的秘诀

世间没有永恒不坏之物,佛陀教育我们"成住坏空"的道理,无论任何物品,都有败坏的时候;一旦败坏就成为垃圾。现今社会风气讲究便利、享受,消费增加,相对地丢弃的量也增多。其实垃圾过量,都与心灵污染息息相关。

日益严重的垃圾问题,我们应如何面对?感恩环保志工们,为呵护地球不断地付出。

《无量义经·德行品》中经文"静寂清澄,志玄虚漠"之前,还有一句"恬安淡泊,无为无欲";若要达到"静寂清澄"的境界,应先养成"恬安淡泊"的清贫生活。

有位住在南港的阿嬷,高龄九十三岁。大爱电视台的记者前去采访时,告诉她:"阿嬷,看您身体很健康。"

阿嬷说:"我从来不曾吃药。"

"为何如此健康?"

"我也不知道。"

阿嬷这句"我也不知道",正因为她无为无欲,也不追求健康之道,只是能放得下、看得开、无所求、无欲念。

虽然她向来不刻意保养身体,但是却能保护自己的心灵不受染著。她一生劳苦,年轻时就丧夫,独力扶养六个孩子;为了孩子,什么工作都做,很认命一路坚强地走来。尽管儿女现在都已事业有成,她仍然持续地做。

阿嬷很注重自己的形象,从年轻开始,无论晴雨寒暑,总是穿着旗袍,打扮得整整齐齐;即使投入环保工作,形象仍然照顾得很好。

她从八十多岁开始做环保,迄今已六年。一般人都认为年老就应该退休、享清福,然而阿嬷的人生哲学并非如此;她认为,正因为年纪大了,才要多做一些。

可见长寿的秘诀无他,心要开阔,不能有贪欲;心若无欲就没有烦恼,自然会清净无染。

此外也有位八十二岁的阿公,住在苏澳,每天清晨三点多出门做环保,三五日就可以回收达一两吨,很令人敬佩;他不仅用双手捡拾搬运,还能拉人力拖板车。

当记者采访时,阿公说:"如果出去玩,超过五天就不敢去,因为五天没整理,回收物会堆满整屋子。有时女儿要我多玩一天,我就说人在这里,心都惦念着家里的环保工作。"

其他的环保志工也说:"阿公做久了,现在找他出去玩,他满脑子都想着回收资源没人做。"

阿公过"五"不玩——出门都不愿超过五天,心心念念专注于环保工作。老人家既健康又乐观,真正的老当益壮；生命的长度、广度、深度都能兼顾，这就是有意义的人生。

我们既已走入慈济志业，应该互相勉励，同时要净空心灵的垃圾，扫除污染，内心才能清净与轻安，才会真正获得恬安自在；若能如此，就有坚定的力量，做人间的菩萨。

行经妙道

《无量义经》："恬安澹泊，无为无欲。"

之二　化腐朽为神奇

慈济环保志工保护大地、疼惜资源，不仅带动社会，也获得国际肯定，真正是人间活菩萨。

我们将环保理念推广到社会各个角落，虽然推行环保是很艰辛的工作，但是对慈济人而言，大家的爱心聚集在一起，有心就没有做不到的事。

做环保，目的不在于回收所得多寡，而是为了保护地球。自然资源有限，随着科技进展，日常用品无不取自大地资源；诸如从地底开采石油，除了提炼汽油之外，还可以制造塑胶类制品，乃至抽丝、织布制成衣服，或者砍伐树林、开挖山矿等，都是破坏大地与水土保持。

我们应当提高警觉，切勿毫无节制地挥霍物资；

惜福爱物、减低欲念,这是"节流",此外还要"开源",回收的资源仔细地分类可再利用。

资源回收后,如何再制利用?在慈济有许多企业家与人才,集合起来研发,诸如宝特瓶的再利用。

环保志工们平日就很积极地向社区民众宣导:"宝特瓶请不要随意弃置,要集中回收,倘若能随手取下瓶盖和塑胶圈,并撕下瓶身的标签,用少许的水清洗干净,就可以减少很多人工。"

一位研发者告诉我:"我一直很期待能利用回收的宝特瓶,做出对人群有贡献、品质良好的物品;但是数十年来,推动不易。"他很感恩慈济,因为有很多师兄、师姊,同心协力推动回收,数量足够,品质也提升。

研发团队针对宝特瓶做研究,将回收的宝特瓶抽丝制成毯子,又轻又保暖;刚开始还担心对人体是否有不良影响?经由专业人士测试后,品质很好,可以安心使用。

原来过去常使用的尼龙、卡斯米龙等布料,都是来自于石油提炼抽纱、织布，宝特瓶也不例外，我们只是将用过的宝特瓶回收再制，发挥物命。在慈济世界中，做的同时，还可以学到很多科学知识。

他们真是发挥团队力量，将回收的宝特瓶再制——织成夏天的Ｔ恤，也可以织成冬天温暖的夹克、睡袋等。

宝特瓶再制的毛毯，已经在国内冬令发放时发出四千多件，也用作国际赈灾，例如在二〇〇七年四月间，菲律宾发生一场大火，一万多人无家可归，我们就赶紧寄去发放，让受到灾难的人，可以尽快收到品质好又温暖的毯子。

此外，每次看到慈诚队员在夜间值勤，或是环保志工做得比较晚一点，我就很担心他们的安全，所以委请研发团队做出能发亮的布料；后来他们也做成了，同样使用宝特瓶抽丝，织成如发丝一般，装入电池就发光，真的很奇妙！

所谓"不经一事，不长一智"，做慈济真好，无量法门都在我们的身边。相信环保志工不仅做得快乐,也是法喜充满;大家投入回收资源,呵护地球之余,在事相中,还能体悟许多宇宙、人生的道理,而通达诸法。

行经妙道

《无量义经》:"无量法门,悉现在前,得大智慧,通达诸法。"

之三　现代老莱子

我常说：为善、行孝不能等。

南部有位阿庆师兄，年轻时不学好，吸毒、贩毒、抢劫、杀人，还背了一身的债务，在监狱中进进出出；他的母亲不仅要替儿子背负债务，还饱受他人议论、指责："你儿子很坏，假如出狱了，对大家都很有威胁，被关在监狱里，我们比较安心。"

想想，这位母亲自中年就忍受着如此的身心折磨，多么辛苦；到八十多岁，有因缘遇到慈济人，慈济人看到这位母亲很不舍，也期待社区可以减少一个性情乖戾、时常犯法的人，让民众的心能安定；于是想办法接近、引导阿庆，并带入环保站。

在环保站里，阿庆看到无论是老菩萨、年轻菩萨或年幼菩萨,还是大老板、劳工朋友,不同年龄、身份的人,都只有一念爱护地球、惜福的心。为了不让地球资源继续减少,大家不畏辛劳地做回收与分类的工作;还经常带着温馨笑容、口说好话,彼此都能放下身段,互道感恩。

环保站的气氛和谐,他那刚强的心不知不觉地逐渐软化,想到自己过去数十年的岁月懵懵懂懂,让母亲的身心受尽折磨,如今自己已五六十岁,母亲也八十多岁,而且罹患癌症,他决心安分守己彻底改过,弥补母亲,于是戒除酒、毒,投入环保。

他每天从环保站回到家,就叫:"阿母!"妈妈一听就笑得很开心,高兴地说:"阿庆啊,你回来了,唱一首歌给妈妈听。"

他就会像廿四孝里的老莱子,在妈妈面前又唱又跳,也会比手语,让妈妈感到很贴心;真善美志工前往采访记录,将他们这分温馨的天伦之乐,一一拍摄下来。

有次我行脚到南部时,他们将这部纪录片放映出来,看了很令人动容。阿庆的兄嫂也表示,原本都已经放弃这个弟弟,但在这段时间里,他们持续地观察,觉得阿庆好像真的改变了。

阿庆觉得母亲已经癌末,希望她能一起做环保,也劝兄嫂来了解慈济,从此一家人都投入,母亲做环保时,都会很欢喜而忘了病痛。

那天阿庆的兄嫂推着母亲上台,阿庆就从另一侧上来,跪在母亲的轮椅前,告诉母亲:"阿母,我过去实在很不对,我要向您忏悔!以前是'歹子',又吸毒又喝酒,还赌博、抢劫、杀人,让您为我背债背得那么辛苦,请您原谅我。"

这位八十多岁的母亲,牵起儿子的手说:"阿母不会怪你,你能回来,我就很欢喜了,你能够改变,我不会见怪!"感人的场面让在场的人都忍不住流下泪水。

兄嫂都站出来做见证,哥哥说:"我弟弟从少年时代,跟着朋友学坏,让母亲很担心,看到他现在能改变,很感恩慈济有很多人关心我们,陪伴带领我们,不仅弟弟改过自新,能孝顺母亲,还投入做很多好事,我也被他感动,现在我也要投入培训、受证。"

他的邻居也出来做见证,浪子回头真令人感动。倘若一个家庭的成员都能守好做人的本分,维持家庭伦理,这个家庭就平安,家庭平安,社会自然就安定。

行经妙道

《无量义经》:"无慈仁者起于慈心,好杀戮者起大悲心。"

之四　做到最后一刻

　　生、死都是人生的自然法则,谁能逃过？有些人生来苦难多,有人则是在优渥的环境中享福,却不知福；也有些人虽然历经苦难折磨,却能在苦难中觉醒,为人群造福。

　　林连煌居士的一生起起落落,在庸庸碌碌的生活中,也曾经工作不顺,难免有些习气,幸而有位生命中的贵人,就是他的太太,一路陪伴他走过人生的道路；接触慈济后,又引导他走入慈济,在他发心投入真善美三合一影视志工时,太太同样陪着他。

　　二〇〇〇年他检验得知罹癌,医师宣布仅剩三个月的生命,他住院积极接受治疗。刚出院,就遇到象神台风在北台湾酿成巨灾,桃园国际机场在风雨中发生空难,三芝爆发土石流灾害,慈济人动员救灾;虽然他才开刀后不久,但是太太也鼓励他投入付出,于是他提起为慈济留历史的使命感,抱病连续出勤四天。

后来他回到医院调养,定期追踪,原本医师说仅剩三个月的生命,半年后再检查已经没事了。他的太太鼓励他:"做乎死,卡赢死没做。"* 这句话他听进去了,很用心地投入真善美影视志工。

在这种情形之下,大部分的太太都会不舍地说:"既然身体不好,就不要做。"但是他的太太反而说:"能恢复健康就应该要做,不要怕。"这位智慧的贤内助,真正是他生命中的贵人,成长他的慧命、陪他做环保,也一路陪伴做真善美影视志工。

尽管家境不好,为了孩子要读大学,太太不得不全心工作,她仍然勉励他:"你要做两人份。"

---

* 闽南语,大意为:"做到死,胜过死了没得做"。——编者注

他在生命最后的六年里,很专心地做慈济。

在他投入志工服务的过程中,认识江念恒小菩萨,念恒在一岁多时被发现罹患癌症,从此母亲陪伴着他进出医院。这位小菩萨每次说话都很能警惕人心,因为林居士一路帮他拍摄记录成长的过程,两人结下忘年之交。

在林居士临终昏迷时,念恒在他的病榻旁真诚地呼唤着:"师伯,将来谁来拍我?"还唱"爱洒人间"给他听,这分流露出真情的呼唤,也是至真、至善的叮咛。

林居士用身、用心、用命,完成他的这一生。他最后的身体,有用的器官已做捐赠,在别人的身上继续发挥功用;无法使用的也捐作病理解剖,让医师可以在他的身体上,更透彻地解开生命的密码,能在医学上进一步得到治疗病痛的新方法。

林居士的一生虽然仅短短五十余年,却投入慈济近十年——前一半投入环保,后一半则专心做真善美人文志工,直到生命的最后,都在慈济宗门里,而且还做出大舍、奉献。最令人赞叹的是他的太太,自始至终与他同甘共苦,默默地支持他,做他的善知识,多么不容易,这就是慈济人间菩萨的境界。

我们要很虔诚地祈祷,如同江念恒小菩萨一样,叮咛他再回来爱洒人间,因为人间多苦难,希望他赶快回来接棒,为苦难众生付出。

行经妙道

《无量义经》:"犹如船师身婴重病,四体不御安止此岸,有好坚牢船舟,常办诸度彼者之具,给与而去。"

之五　草根发明家

人有无限的潜能，也都有智慧在潜能中。常听人说"神通"，其实就是用心，聚精会"神"自然能"通"达道理。什么叫做"专业"？有心精进，累积经验就是专业。

许多慈济人虽然不一定是专业人士，但是也能用心研究，而创造出一片天地。

《无量义经》云："未能远离诸凡夫事，而能示现大菩提道。"每个人都不能离开世间、凡夫事，随着时间分分秒秒地流逝，每个人都是一天廿四小时，不过慈济人却能把握时间，发挥分秒珍贵的价值，并且用在利益人群，以及对社会有贡献之处。

不仅如此，也能在世间黑暗的角落，发挥生命的潜能;譬如在台湾很普遍的环保站,大大小小不下数千处,一般人认为"环保站,没什么,就是将废弃物收一收,集中来做分类"。

其实细细探究,谈何容易——除了要普遍开辟空间之外,还要呼吁大众投入,开启人人无私的爱心,能惜福、爱物,进而关怀到整片大地不受污染,保持自然界中空气的清新。

如何让空气不受到污染?如何让大地不再受到毁伤?如何节约自然资源?实在都需要运用智慧。慈济人的智慧不仅关怀这片土地,也关心现在、未来的生活资源,所以不断地启发人人发挥爱心。

我们都是凡夫,身体经过劳动还是会感到辛苦疲惫,虽然有时候问大家:"辛苦吗?"大家都说:"不会啦!"其实是爱心受到启发,自然从内心感到轻安与自在,因此不觉辛苦。

在环保世界里有许多"草根发明家",他们并非专业人士,然而"入境知境美",亲身投入环保而有所得,就能发挥创造力；诸如高雄八卦寮有位王居士，投入环保工作时，整天弯腰或经常蹲下起身，真的很辛苦。他就用心思考——如何提升效率、减少人力？

他利用过去曾任职于工厂的经验，投入研究发明，将输送带改成适合资源分类使用，配合人力调整输送速度，人人都可以轻松地站着分类，不用再弯腰或蹲着做分类。

此外，原本若要将电线的铜线与塑胶外皮分离，需使用刀子一寸一寸地削，既危险又费时；有位蔡居士发挥智慧良能，发明一种机器，现在只要将电线装入机器，转动手把后，就能轻松地将塑胶皮与铜线分离，既安全又迅速。

这就是要有那分"信"和"精进"——相信大地需要，以精进的心投入发明、研究，这就是智慧。慈济环保志工都有"守之不动"的坚定信念，能精进地投入，才能发挥智慧从事发明。

虽然我们会随着时间流逝而老去,但是只要把握当下、专心一志,发挥生命良能,就能利益人群,乃至天地万物。如同这些环保发明家,能让环保志工们提高做环保的品质与效率。

此外还有很多医疗器材、医疗车、净水器等等,都是慈济人为了抢救生命、国际赈灾使用而发明的。我们虽然在凡夫地,却不离凡夫事;可以示现大菩提道,也就是觉悟的道路。

行经妙道

《无量义经》:"未能远离诸凡夫事,而能示现大菩提道。"

后　记

时常听访客赞叹："来到慈济，感觉如沐春风。"这正是我们团体里和气融融的表现；大家因为有缘才能同师、同道，人人合心、彼此互爱，以同样的法乳滋养慧命，这分因缘真的很殊胜。

我常说"佛法生活化，菩萨人间化"，发愿要做人间菩萨，就必须从日常的修养做起，我们对家庭必须负起何种责任、在社会应担任什么角色、如何对天下付出一分大爱与力量，每踏出一个脚步，都必须避免方向偏差。

生活态度转为"克己、克勤、克俭、克难"，这是静思法脉。简言之，就是生活力求简单、清贫，不要挥霍无度，而要回归清净无欲的心，克勤克俭地生活；如此方能过得自在、欢喜,也是幸福的人生。

慈济宗门是"复礼",包含行孝、学习为人处世的礼仪,除了改变奢侈的习性之外,也要启发慈悲心。进入慈济宗门要注重礼节,对人、对事做到人圆、事圆,理就圆。

慈济道场是圆的,四大志业、八大法印,印印都是法。其实无论做任何事,都要法不离心;什么叫做法?有意义的事情就是法。学佛就要学得佛不离"心",所以不论身在何处,都要做到"心中有佛,行中有法,法中有禅",这就是修行;修行的目的,在于心胸开阔、清净自在,修行的道场就在人群中。

宇宙中,只有地球充满水与生命,有幸能生在这颗干净又美丽的蓝色星球上,我们应善加珍惜;尤其山河大地不断地受毁伤,全球天灾频仍,究其原由,都是人类所造作。救世首重救心,人人应该为救地球尽一分力。

人间苦难偏多,我们同在天盖之下、地载之上,应以大慈悲之眼，观天下众生相，视贫困者如己亲，无分别、无所求，付出大爱去关怀，从见苦知福中，体悟人间的苦难与温暖，进而力行正道，迈向真善美的人生。

附　　录
证严上人重要记事年表

一九三七年

- 出生于台中县清水镇。

一九六〇年

- 养父猝逝,哀思难复,开始接触佛法,追寻生命的意义,应发挥良能造福苍生。

一九六一年

- 与修道法师相偕求道,落脚台东鹿野王母庙。期间首次接触日文版《法华大讲座》(即"法华三部"),借阅时将《无量义经》译抄成中文。

一九六三年

- 赴台北求受三坛大戒,因缘皈依印顺导师慈座,获赐法名"证严",字"慧璋",承师训:"为佛教,为众生"。

一九六六年

- 三十位信众联署挽留上人于花莲,因此开启日日存五毛钱之"竹筒岁月",在普明寺正式成立"佛教克难慈济功德会"。

一九七九年
- 于全省联谊会正式发起筹建综合医院。

一九八六年
- 集合十方善心筹建的"慈济综合医院"落成启业。本着尊重生命的理念,实施病患住院免收保证金,协助贫困患者寻求社会援助。

一九九〇年
- 于台中新民商工演讲,提倡全民环保,并鼓励听众"用鼓掌的双手做环保",开启慈济环保志业。

一九九一年
- 中国大陆华中、华东水患严重,上人全面发起援助工作,并提出"直接、重点、尊重"以及"不言商、不谈政治、不刻意传教"等理念,成为慈济国际赈灾的基本原则。

一九九三年
- 秉承佛教"头目髓脑悉施人"的精神,经过评估与求证,确认捐髓可以"救人一命,无损己身",上人发起骨髓捐赠。九月,成立"骨髓捐赠资料库"。

一九九四年
- "慈济医学院"创校开学,上人期许未来的大医王"功能与良能平行,知识与智慧并重"。校方对"大体老师"尊重、人性化的处理过程,以及上人"生命只有使用权,没有所有权"的呼吁,大步开启国人捐赠遗体的风气。

一九九六年

- "贺伯"台风造成全台严重水患,上人除呼吁"救山救海"外,并推动"社区志工"理念,将慈济人依居住地重新编组,以落实"敦亲睦邻,守望相助"的目标。

一九九九年

- 台湾发生九·二一大地震,慈济人立即投入急难救助,上人实地勘灾与决定为重灾户兴建组合屋,为延续百年教育,重建希望工程——协助灾区五十多所中小学校舍重建。

二〇〇一年

- 美国九·一一攻击事件震惊全世界,上人呼吁"惊世的灾难,要有警世的觉悟",发起全球"爱洒人间植福田——人一善远离灾难"募心运动,通过街头宣导、发送祝福卡,希望凝聚祥和善念,减少天灾人祸。

二〇〇三年

- 全球爆发严重急性呼吸道症候群(SARS)疫情,慈济人全力支援防疫工作。上人呼吁要有戒慎之心,谦卑以对;发起"爱洒人间——同心共济弭灾疫"运动。

二〇〇四年

- 上人整合慈济委员和慈诚队之新组织架构。委员以"组"、慈诚以"队"名之,组队皆再区分为合心、和气、互爱、协力组(队),加强落实"社区志工"及"小组关怀、多组活动"。上人以"立体琉璃同心圆"为喻,期勉全体志工将佛法落实生活中,相互提携培养人才,人人发挥菩萨的良能,广召社区民众投入,发挥净化人心的力量。
- 鉴于现今社会病态丛生,却被视为潮流、文化等诸现象,为此上人将"文化志业"更名为"人文志业"。

二〇〇五年
- 六月上人的恩师上印下顺导师于四日早上十点零七分,因心脏衰竭于花莲慈济医院圆寂,享寿一百零一岁。慈济全球分支会联络点同步举行追思赞颂典礼。因感恩"因深缘远,忽焉在即",上人教勉慈济人回归原点,重新起步。

二〇〇六年
- 上人吁慈济人秉承佛陀精神,"回归竹筒岁月",传承静思法脉,弘扬慈济宗门——静思法脉,内修"诚正信实"清净心;慈济宗门,外行"慈悲喜舍"菩萨道;守志、守戒、守心、守德。

二〇〇七年
- 为降低温室效应,呼吁大众生活中减少"碳足迹",倡行"简约"的生活,积极推动"克己复礼"运动。
- 慈济成立四十一年,开启慈济新年轮,勉众"诚正信实为大地,慈悲喜舍为和风,智慧妙法为净水,殷勤精进为阳光",期许"人间菩萨一念心,预约净土到人间"。

图书在版编目（CIP）数据

真实之路——慈济年轮与宗门/释证严著. —上海：复旦大学出版社, 2011.1(2018.4 重印)
ISBN 978-7-309-07091-0

Ⅰ. 真… Ⅱ. 释… Ⅲ. 佛教-人生哲学-通俗读物 Ⅳ. B948-49

中国版本图书馆 CIP 数据核字(2010)第 028971 号

原版权所有者：静思人文志业股份有限公司授权复旦大学出版社
出版发行简体字版

慈济全球信息网：http://www.tzuchi.org.tw/
静思书轩网址：http://www.jingsi.com.tw/
苏州静思书轩 http://www.jingsi.js.cn/

上海市版权局著作权合同登记号：图字 09-2010-210

真实之路——慈济年轮与宗门
释证严 著
责任编辑/邵 丹

复旦大学出版社有限公司出版发行
上海市国权路 579 号 邮编：200433
网址：fupnet@fudanpress.com http://www.fudanpress.com
门市零售：86-21-65642857 团体订购：86-21-65118853
外埠邮购：86-21-65109143 出版部电话：86-21-65642845
浙江新华数码印务有限公司

开本 890×1240 1/32 印张 9.625 字数 109 千
2018 年 4 月第 1 版第 5 次印刷
印数 14 401—17 500

ISBN 978-7-309-07091-0/B·341
定价：45.00 元

如有印装质量问题，请向复旦大学出版社有限公司出版部调换。
版权所有 侵权必究